Preuschoff
Du und Ich

Gisela Preuschoff

Du und Ich

Beziehungsspiele

Zeichnungen von Nikolai Preuschoff

PapyRossa Verlag

Umschlag: Willi Hölzel
Satz: DTP Studio Volker Hirsekorn, Königswinter
Druck: Interpress

Die Deutsche Bibliothek - CIP-Einheitsaufnahme
Preuschoff, Gisela:
Du und ich : Beziehungsspiele / Gisela Preuschoff. Mit Zeichn. von Nikolai Preuschoff. - Köln : PapyRossa-Verl., 1996
ISBN 3-89438-105-1

Inhalt

Vorwort

Es gibt Menschen, die meinen, Spiele seien nur etwas für Kinder. Kinder spielen gern und immerzu – aber irgendwann hören sie damit auf. Ich glaube, das ist ein großer Fehler. Spielen bringt jene Leichtigkeit ins Leben, die heute so vielen fehlt. Ernst, Hektik, Angst und Unsicherheit bestimmen den Alltag vieler Erwachsener. Im Spiel kann dies durch Freude, Gelassenheit und Geborgenheit ergänzt werden.

Als Paar- und Familientherapeutin weiß ich, daß Beziehungen oft jene heitere Gelassenheit fehlt, die Kindern noch zu eigen ist. Kinder können leicht wütend werden und sie zanken sich auch. Aber sie vertragen sich immer wieder. Sie nehmen es nicht so ernst.

Wenn Paare sich streiten, liegt oft ein tödlicher Haß in der Luft. Er wird verständlich, wenn man bedenkt, daß er aus Verletzungen resultiert, die dem inneren Kind dereinst von Erwachsenen zugefügt wurden und die jetzt vom Partner aktiviert werden. Mit erwachsenem Ernst und lange zurückgehaltener Wut wird aufeinander losgegangen. Ändern tut sich dadurch nichts.

Spiele können helfen, es gar nicht erst so weit kommen zu lassen. Sie helfen, einander zu verstehen, sich besser kennenzulernen, sich auszutauschen und miteinander zu reden. Vor allem können sie helfen, es nicht so ernst zu nehmen.

Erich Kästner empfahl: „Laßt euch die Kindheit nicht austreiben! Schaut, die meisten Menschen legen ihre Kindheit ab wie einen alten Hut. Sie vergesssen sie wie eine Telefonnummer, die es nicht mehr gibt. Ihr Leben kommt ihnen vor wie eine Dauerwurst, die sie allmählich aufessen, und was gegessen worden ist, existiert nicht mehr ... Früher waren sie

Kinder, dann wurden sie Erwachsene, aber was sind sie nun? Nur wer erwachsen ist und Kind bleibt, ist ein Mensch!“ (Erich Kästner, Gedanken über das Lachen, in: Gesammelte Schriften für Erwachsene. Vermischte Beiträge, München 1969)

Das Kindliche wie das Spielerische sind ein unschätzbarer Wert unseres Wesens.

Dieses Buch soll Ihnen helfen, spielen wieder zu einem Teil Ihres Lebens zu machen und sich gegenseitig dafür Zeit zu schenken. Dabei wünsche ich Ihnen viel Spaß!

Gisela Preuschoff

Einleitung: Warum spielen?

In diesem Buch finden Sie Spiele für jeweils zwei Menschen. Ich habe dabei an Paare gedacht, die sich mögen. Nun weiß jeder, daß Verliebtsein ein wunderbarer Zustand ist. Er hat jedoch den großen Nachteil, nicht von Dauer zu sein. In dieser Hinsicht gleicht er Seifenblasen, die in zarter Schönheit zum Himmel fliegen und doch zerplatzen. Anders als bei Seifenblasen kann dem Verliebtsein jedoch die Liebe folgen, wenn die Partner bereit sind, dafür etwas zu tun.

Damit meine ich: Einander zuhören, statt gleich zu urteilen, sich in den anderen/die andere hineinversetzen, anstatt ihn/sie abzulehnen.

Wie motiviere ich meinen Partner zum Spielen - Folge 1

FALSCH

Ein indianisches Sprichwort lautet: Bevor Du einen Menschen verurteilst (oder beurteilst), mußt Du ein Jahr in seinen Mokassins laufen.

Ich glaube, dies ist der Mühe wert.

Hinter Aggression kann ich dann Verzweiflung und Hilflosigkeit entdecken, hinter Wortkargheit Ohnmacht und Sprachlosigkeit. Hinter den großen Gesten verbirgt sich oft ein kleines, hilfloses, unterdrücktes Kind.

Immer lohnt es sich, hinter die Worte zu schauen und sich selbst und seine/n Partner/in zu fragen: Was willst Du mir *eigentlich* sagen? Wonach hast Du Sehnsucht? Welche Bedürfnisse willst Du zum Ausdruck bringen und erfüllt haben?

Die meisten Paare fangen irgendwann an, miteinander oder gegeneinander zu kämpfen. Wer kontrolliert? Wer bestimmt? Wer ist besser? Wie sind Geben und Nehmen verteilt? Wo darf wer stark oder schwach sein?

Das sind die Fragen, die hinter unendlich vielen Streitigkeiten und täglichen Auseinandersetzungen stehen. Viele Bücher versuchen, Paare aus diesem Beziehungskampf zu lösen. Und das ist auch gut. Was mir bei den meisten fehlt, ist die Heiterkeit.

Der Haß, der sich in Beziehungen aufstauen kann, ist tödlich. Weil ich als Paartherapeutin arbeite, habe ich täglich damit zu tun – manchmal ist es dann schon zu spät. Zu spät für jene Leichtigkeit, die Spiele bieten können.

Das Spiel ist ein wunderbares Mittel, ernste Dinge leicht zu nehmen. Manche Spiele in diesem Buch mögen Ihnen vielleicht etwas albern vorkommen. Und albern dürfen ja höchstens Teenager sein. Wir Erwachsenen müssen hart arbeiten, Geld verdienen und abends vor dem Fernseher sitzen. Tatsächlich kann Ehe- und Beziehungsalltag so aussehen.

Das ist leider auch der Haken an diesem Buch: Man sollte es nicht einfach nur so lesen, man muß es ausprobieren. Und, zugegeben, manche Spiele können auch ganz schön ernst werden. Aber auch dann bringen sie uns weiter, auch wenn es weh tun sollte.

Zum Beispiel, wenn Ihr Partner bei dem Spiel „Einsame Insel" gar nicht Sie, sondern seinen Computer mit auf die einsame Insel nehmen möchte – oder seine Mutter! Dann kann das ein Schritt zu der Erkenntnis sein, daß kein Partner uns *alles* geben kann. Wir können uns gegenseitig viel schenken – aber zu fordern haben wir nichts. Und alles, was wir vermissen, können wir uns als erwachsene Menschen selber geben, vor allem die Liebe zu uns selbst. Wenn wir uns selber lieben, können wir über unseren Partner auf der einsamen Insel ohne uns lachen. Wir haben schließlich auch etwas Schönes, das wir auf unsere Insel mitnehmen!

Wer jedoch Lust hat, etwas anderes auszuprobieren, hat mit diesem Buch eine gute Wahl getroffen. Ich bin sicher, daß sich der Mut, das eine oder andere Spiel zu wagen, lohnt. Sie

Wie motiviere ich meinen Partner zum Spielen - Folge 2

FAST RICHTIG

werden anfangen, über Dinge nachzudenken und zu reden, die Sie sich früher vielleicht gar nicht zu sagen trauten. Vielleicht werden Sie auch einfach nur schmunzeln. Manchmal könnten Sie auch sauer sein, wenn Sie „schlechte Karten" hatten, das ist bei Spielen so. Wenn es Ihnen jetzt gelingt, aus einer gewissen Distanz auf Ihren Ärger zu schauen und sich selbst zu beobachten, sind Sie ein ganzes Stück weitergekommen.

Vielleicht haben Sie dieses Buch allein ausgesucht und stellen jetzt fest, daß Ihr/e Partner/in gar keine Lust hat, mit Ihnen zu spielen. Wenn Sie damit leben können – gut. Wenn nicht, sollten Sie sich Gedanken machen.

In der Therapie nennt man solche Verweigerung „Widerstand". Und geschickte Therapeuten nutzen ihn. Widerstand ist immer auch Schutz und gibt uns wichtige Hinweise darauf, was der/die Widerspenstige zu schützen hat.

Meist sind es Männer, die mit der berühmten harten Schale einen weichen Kern (z.B. Verletzungen, Zurückweisungen, herbe Enttäuschungen, Verlassensein und Einsamkeit) schützen zu müssen glauben. Fragen Sie sich ehrlich, ob der Mann es wert ist, Geduld zu üben. Und ob Sie selbst bereit sind, Ihrerseits vorsichtig mit jenem weichen Kern umzugehen, ja, ob Sie ihn überhaupt wahrnehmen mögen und ob Sie wirklich diejenige sind, zu der dieser Mann Vertrauen haben darf. Erst wenn Sie diese Fragen bejahen, werden Sie Wege finden, den Partner zum Spielen zu motivieren – oder vielleicht auch eine Paartherapie zu probieren.

Ein wichtiger Schritt wäre, mit Ihrem Partner/Ihrer Partnerin über Ihre Betroffenheit zu reden. Weil die wenigsten Menschen wissen, wie man Probleme sinnvoll bespricht, möchte ich an dieser Stelle die wichtigsten Regeln noch einmal zusammenfassen:

1. Probleme sind dazu da, um gelöst zu werden. Wer Konflikte vermeidet, muß später häufig dafür büßen.

2. Reden Sie von sich selbst und klagen Sie den anderen nicht an. Benutzen Sie die Ich-Form und drücken Sie Ihre Gefühle offen aus. Sagen Sie zum Beispiel: Ich fühle mich mißachtet, wenn Du die Regeln nicht einhältst. Es kommt mir dann vor, als wäre ich Luft für dich.

3. Vermeiden Sie Verallgemeinerungen wie „immer", „nie" und „ständig".

4. Bleiben Sie im „Hier und Jetzt". Lassen Sie den Schnee von gestern. Nur so haben Sie die Chance, täglich neu anzufangen. Wenn das nicht geht, ist es besser, sich einmal gründlich über gegenseitige Verletzungen auszutauschen, anstatt sie ständig mit sich herumzuschleppen und einzeln hervorzukramen.

5. Mit Worten kann man in einer Beziehung viel zerstören, aber auch aufbauen. Es lohnt sich deshalb, zu fragen: *Muß* ich das jetzt sagen? Und: Muß ich das *so* sagen? Achtsamkeit mit Worten ist wie Zärtlichkeit.

Wie motiviere ich meinen Partner zum Spielen - Folge 3

RICHTIG

6. Hören Sie Ihrem Partner / Ihrer Partnerin zu. Schalten Sie dabei Ihre eigenen Gedanken ab und lauschen Sie auf seine / ihre Worte. Wie klingt die Stimme? Wie ist die Körperhaltung? Wenn Sie sich in Ihren Partner bzw. Ihre Partnerin hineinversetzen wollen, ist es sinnvoll, seine bzw. ihre Körperhaltung einzunehmen. Sie können ihn / sie dann ohne Worte besser verstehen. Es lohnt sich, achtsam bei ihm / ihr zu bleiben und ihn / sie ausreden zu lassen. Schauen Sie ihm / ihr auch in die Augen und geben Sie mit kleinen Gesten bekannt, daß Sie verstanden haben. Sehr sinnvoll ist auch, das Gehörte mit eigenen Worten wiederzugeben. Lassen Sie sich bestätigen, ob Sie richtig verstanden haben.

Einige Spiele in diesem Buch sind extra dafür erfunden, Ihre Fähigkeit, miteinander ein Gespräch zu führen, zu erweitern. Hinter anderen steht der Wunsch, daß Sie jene sorglose Freude wiederentdecken, die wir als Kinder hatten und die noch immer irgendwo in uns versteckt ist. Spielen ist ein gutes Sicherheitsnetz im Drahtseilakt der Beziehung. Es schafft Ausgleich zum täglichen Arbeitsstreß und verhilft uns zu unbeschwerten Erfahrungen. Diese wünsche ich Ihnen genauso wie die Entdeckungen, die Sie bei anderen Spielen machen werden. Spielen Sie also! Und fangen Sie einfach an. Am besten gleich.

Spiele mit Sprache

Unter dieser Überschrift sind Spiele zusammengefaßt, die die wechselseitige Kommunikation verbessern können. Das tun zwar im Prinzip alle Spiele in diesem Buch, bei diesen hier wird es jedoch besonders deutlich.

Sobald zwei Menschen zusammen sind, kommunizieren sie, auch wenn sie keine Worte benutzen. Und was die Partner sagen und was sie für sich behalten, prägt die Beziehung erheblich. Viele Menschen befürchten, allein auf dieser Welt zu sein und von niemand richtig verstanden zu werden. Spiele sind dazu da, einander besser zu verstehen.

Die Spiele können Ihnen helfen, das zu fragen, was Sie schon immer fragen wollten, sich aber nicht zu fragen trauten, und über Ihren Partner/Ihre Partnerin mehr zu erfahren. Wahre Kommunikation erfordert Mut, aber sie hilft auch, mehr zu erkennen und mehr zu erkennen zu geben.

Befragung

Sie benötigen: Papier und Stifte

Beide Partner überlegen sich eine wichtige Frage, die sie dem anderen stellen möchten. Beide notieren sich ihre jeweilige Frage. Anschließend werden die Augen geschlossen, jeder stellt sich im Geiste vor, seinem Partner diese Frage zu stellen. Dabei müssen Details beachtet werden:

Wie klingt die eigene Stimme?
Wie ist die eigene Körperhaltung und wie die des Partners?
Wie lautet die Antwort?
Wie schnell oder zögernd antwortet er?
Gibt es Augenkontakt?
Wie ist der Gesichtsausdruck?

Wenn die Situation in der Vorstellung deutlich entstanden ist, werden die Augen geöffnet und alles Vorgestellte wird notiert. Nun wird die Frage real gestellt – und beantwortet. Wenn beide eine Antwort gegeben haben, wird die Phantasie mit der Realität verglichen. Auffällige Unterschiede werden besprochen.

Müssen Vorurteile revidiert werden?
Welche Erwartungen haben Sie aneinander?
Verträgt die Beziehung intimere Fragen?

Interview

Sie benötigen: Karten, Stifte

Zuerst werden die Karten mit folgenden Fragen beschriftet:
Von welchem Freund/welcher Freundin habe ich viel gelernt?
Welcher Ausbilder/Lehrer hat mir viel beigebracht?
Von welchem Buch habe ich viel profitiert?
Welcher Mensch hat mich sehr beeindruckt?
Auf welcher Reise habe ich viele neue und bleibende Eindrücke gewonnen?
Bei welcher Gelegenheit habe ich viel über mich selbst gelernt?
Welcher Film hat mich beeinflußt?
Welches Tier hat in meinem bisherigen Leben eine große Rolle gespielt?

Die Karten werden gemischt und verdeckt auf dem Tisch ausgelegt. Anschließend werden sie einzeln umgedreht und nacheinander von beiden beantwortet.

Polaritäten

Sie benötigen: Stifte, einfarbige Karten sowie gleich viele Karten in einer anderen Farbe

Schreiben Sie verschiedene gegensätzliche Wortpaare auf die Karten der einen Farbe. Zum Beispiel:
Tal – Berg
Tag – Nacht
Ente – Rolls Royce

Himmel – Erde
Hammer – Nagel
Auf die andersfarbigen Karten schreiben Sie:
„Familie“, „Beruf“, „Liebe“ und „Schulzeit“ (jedes Wort mehrfach verwenden, so daß es schließlich von diesen andersfarbigen Spezialkarten gleich viele gibt wie Karten mit Wortpaaren; Sie können sich natürlich auch noch andere Bereiche als die hier genannten ausdenken.)

Die Karten werden verdeckt nebeneinander gelegt. Nun werden jeweils eine Wortpaar- und eine Spezialkarte aufgedeckt. Nacheinander wählen Sie jetzt ein Wort aus dem aufgedeckten Wortpaar (Sie dürfen beide auch dasselbe Wort wählen) und sagen anschließend, was dieses Wort mit dem Begriff von der Spezialkarte zu tun hat. Zum Beispiel:

„Hammer – *Nagel*“ plus „Schulzeit“

„In der Schulzeit war ich meinem Lehrer ein Nagel im Fleisch, weil ich ihn so oft geärgert habe.“

Gute Eltern

Sie benötigen: Karten (oder Zettel), Stifte

Schreiben Sie auf mehrere Karten (oder Zettel) Situationen aus dem Alltag mit Kindern. Zum Beispiel:
Fünfjähriges Kind hat in das Bett gepinkelt
Dreijähriges Kind hat vor Wut eine Kakaotasse umgehauen
Zwölfjähriges Kind hat eine „6“ geschrieben usw.

Sie dürfen sich dabei gern an Situationen aus Ihrer eigenen Kindheit erinnern.

Legen Sie nun die Karten verdeckt auf den Tisch und drehen Sie abwechselnd jeweils eine um. Als nächstes beschreibt jede/r, wie sie/er sich (als Elternteil) in dieser Situation verhalten würde. Erst wenn beide ihr Verhalten bekanntgegeben haben, sind Kommentare erlaubt. Unterhalten Sie sich auch darüber, was Sie davon abhalten könnte, sich so zu verhalten, wie Sie sich das wünschen. Und sprechen sie auch darüber, wie Sie sich gegenseitig unterstützen würden, damit das gewünschte Verhalten auch möglich würde.

Opfer und Retter

Sie benötigen: Sich selbst

Erinnern Sie sich an drei Konflikte, die Sie in letzter Zeit hatten. Bestätigen Sie sich, worum es dabei ging. Zum Beispiel: Wer was bezahlen sollte, wer die Küche putzen sollte, wie die Kinder behandelt werden sollten. Überprüfen Sie jetzt, welche Rolle Sie jeweils in diesem Konflikt hatten:

Die des Retters?
Die des Opfers?
Die des Anklägers?
Die des Verfolgers?
Oder die des neutralen Beobachters?

Tauschen Sie sich über Ihre Rollen aus. Sind Sie damit zufrieden? Wollen Sie etwas ändern? Wie können Sie sich in Ihrem Vorhaben gegenseitig unterstützen?

Regisseur

Sie benötigen: Papier und Stift

Sie sind beide Regisseur und wollen einen Film drehen. Notieren Sie sich jeder für sich, welche Art Film das ist (Western, Krimi, Liebesfilm usw.), welche Hauptfiguren auftreten (kurze Charakteristik) und wie der Film heißen wird.

Anschließend erläutern Sie sich gegenseitig Ihre Filme und tauschen sich über sie aus.

Du und ich

Sie benötigen: Nur sich selbst

Sie sitzen einander gegenüber und sagen sich ungefähr drei Minuten lang Sätze, die zum Beispiel so beginnen: Ich bin anders als Du, weil ... Dabei werden keine Kommentare abgegeben.

Danach sagen Sie sich abwechselnd Sätze, die so beginnen: Ich bin wie Du, weil ...

Was tut Dir gut?

Sie benötigen: Nur sich selbst

Sie sitzen einander gegenüber und schauen sich an. Dann stellen Sie Vermutungen darüber auf, was dem anderen jetzt gut tun würde. Teilen Sie sich gegenseitig mit, ob die jeweiligen Vermutungen zutreffen oder nicht.

Rollenspiel

X

Sie benötigen: Nur sich selbst

Erzählen Sie Ihrem Partner in stereotypen Redewendungen folgende Sätze: „Meine Rolle als ... erfordert, daß ich ...".

Zum Beispiel: „Meine Rolle als Mutter erfordert, daß ich die Kinder jeden Abend ins Bett bringe." „Meine Rolle als Ehefrau erfordert, daß ich die Familie versorge."

Danach erzählen Sie von Ihren Gefühlen, die mit der jeweiligen Rolle verbunden sind. Diese Sätze beginnen so:

„Als ... fühle ich ...".

Nach ungefähr fünf Minuten werden die Rollen getauscht. Nun erzählt der Partner nach dem gleichen Schema von seinen Rollen.

Anschließend tauschen Sie sich weiter über das Thema aus.

Trauer zulassen

Sie benötigen: Nur sich selbst

Berichten Sie Ihrem Partner/Ihrer Partnerin von Situationen, die Sie in den letzten drei Tagen erlebten und in denen Sie sich traurig fühlten. Er/Sie hat die Aufgabe, Sie zu ermuntern, Ihre Gefühle deutlich auszudrücken. Außerdem hat er/sie auf eigene Tendenzen zu achten, Ihre Schilderungen abzumildern oder zu verharmlosen oder Sie während des Erzählens zu trösten.

Danach nehmen Sie sich ruhig in die Arme.

Was es mir wert ist

Sie benötigen: Papier, Stifte sowie möglichst viele verschiedene Geldmünzen

Sie erstellen eine Liste mit möglichst vielen Begriffen. Zum Beispiel:

Liebe
Treue
Macht
Männlichkeit
Rationalität
Emotionen
Kinder
Freiheit
Unabhängigkeit
Verantwortung usw.

Jeder von Ihnen legt nun hinter diese Begriffe eine oder mehrere Münzen, um damit symbolisch zum Ausdruck zu bringen, wieviel ihm dieser wert ist. Welcher Wert wird von Ihnen beiden am meisten geschätzt?

Glücksmarken sammeln

Sie benötigen: Pappkarten, Stifte

Beschriften Sie die Pappkarten (oder auch Zettel) mit Tätigkeiten oder Dingen, die Sie glücklich machen. Zum Beispiel:

An einem heißen Tag im Meer baden
Abends am Kamin sitzen
Einen Berg erklimmen

Achten Sie darauf, daß Sie beide ungefähr gleich viele Karten beschriften; je mehr es am Ende sind, desto besser. Breiten Sie die beschrifteten Karten verdeckt auf dem Tisch aus. Abwechselnd wird jetzt je eine Karte gezogen und laut vorgelesen. Trifft es zu, daß die auf der Karte stehende Tätigkeit Sie glücklich macht, dürfen Sie diese Karte als „Glücksmarke" behalten. Trifft es nicht zu, wird die betreffende Karte abgelegt.

Prinzessin Diana

Sie benötigen: Klebestreifen oder Tesakrepp

Heften Sie sich gegenseitig den Namen einer berühmten Persönlichkeit oder eines Ihrer Familienangehörigen auf den Rücken, und zwar so, daß Ihr Partner nicht merkt, wer er sein soll.

Ihre Aufgabe ist nun, mit Hilfe von Fragen, die nur mit ja oder nein beantwortet werden dürfen, herauszufinden, wer Sie in diesem Spiel sind.

Analogie

Sie benötigen: Zettel oder Karten, Stift

Auf die Karten werden bestimmte Oberbegriffe geschrieben wie:

Landschaft
Tier
Pflanze
Wetterlage
Farbe
Duft
Werkzeug
Buchtitel u.a.

Dann werden die Karten verdeckt auf den Tisch gelegt. Nun deckt ein Partner eine Karte auf. Als Beispiel hat er das Wort Werkzeug aufgedeckt. Jeder sagt jetzt einen Satz, der so beginnt: Wenn du ein Werkzeug wärst, wärst du … (zum Beispiel: eine Zange).

Kommentare werden hierzu nicht abgegeben- erst nach dem Spiel sind Nachfragen erlaubt.

Quiz

Sie benötigen: Einen Fragenkatalog

Beantworten Sie sich gegenseitig folgende oder auch noch andere Fragen:

Was ist dein größtes Vorbild?

Für wen hast du geschwärmt, als du 16 warst?

Mit welcher Art Haus würdest du dich am ehesten identifizieren?

Als was würdest du am liebsten zum Karneval gehen?

Wenn du ein Tier sein dürftest, welches würdest du wählen? Etc.

Rücken an Rücken

Sie benötigen: Nur sich selbst

Setzen Sie sich einander gegenüber und teilen Sie sich mit, welche Gefühle Sie füreinander haben. Nach zwei Minuten drehen Sie sich um und wenden einander den Rücken zu, Sie setzen dabei Ihr Gespräch jedoch fort. Nach weiteren zwei Minuten wenden Sie sich wieder einander zu und führen das Gespräch ohne Worte weiter.

Anschließend tauschen Sie sich über Ihre Gefühle in dieser Unterhaltung aus.

Ich bin ich

Sie benötigen: Nur sich selbst

Einer sagt dem anderen, worüber er sich beim Partner ärgert. Zum Beispiel: Ich ärgere mich darüber, daß du abends immer so lange aufbleibst.

Der andere antwortet immer mit der gleichen Formel: Vielen Dank, daß du mir das gesagt hast. Ich will darüber nachdenken. Und ich bin nicht auf der Welt, um so zu sein, wie du mich haben willst.

Sätze vollenden

Sie benötigen: Zwei Blätter Papier und etwas zu schreiben

Jeder von Ihnen hat ein Blatt, auf dem folgende Satzanfänge stehen:

Ich versuche, dir den Eindruck zu geben, …
Ich fürchte, du glaubst, ich sei …
Ich glaube, ich könnte dir einen Gefallen tun, indem …
Ich kontrolliere dich dadurch, daß …
Ich lehne an mir ab, daß …
Ich schätze an dir, daß …
Ich fürchte an dir …

Vollenden Sie die Sätze, tauschen Sie Ihre Blätter aus und reden Sie darüber.

Einladung

Sie benötigen: Zwei Stühle, vielleicht auf Rollen, Sie können aber auch einfach auf dem Boden spielen

Sie sitzen einander gegenüber. Einer hat nun die Aufgabe,

den anderen zu einer schönen Sache zu verführen, was immer es sei: Eine Urlaubsidee, Vorschläge für die Abendgestaltung, was auch immer ... Dieser Partner fängt nun an, auf den anderen einzureden und ihm die Sache schmackhaft zu machen. Der andere Partner darf nicht sprechen. Er hat aber die Möglichkeit, seine Zustimmung durch Näherkommen und seine Ablehnung durch Wegrücken auszudrücken.

Das Spiel ist beendet, wenn Sie Körperkontakt haben.

Danach werden die Rollen natürlich getauscht.

Sage niemals nie

X

Sie benötigen: Spielmarken oder Pfennige, für jeden Partner jeweils 10 Stück

Dieses Spiel sollten Sie möglichst „live" spielen, d.h. eine echte Diskussion über ein Thema führen, das bei Ihnen zur Zeit aktuell ist. Das Besondere dabei ist: Jedesmal wenn Sie Ihren Partner anklagen oder beschuldigen, müssen Sie eine Spielmarke abgeben.

Dasselbe gilt für Verallgemeinerungen wie:
nie
immer
keiner
jeder
dauernd etc.

Was wäre, wenn ...

Sie benötigen: Zettel oder Karten, Stifte

Fertigen Sie sich eine größere Anzahl von Karten an, auf denen Situationen beschrieben sind wie z.B.:

Was wäre, wenn du überraschend 100 000 DM erben würdest?

Was wäre, wenn du auf eine einsame Insel nur eine Person, zwei Tiere und drei Dinge mitnehmen dürftest?

Was wäre, wenn das Klima sich in tropisches Wetter veränderte?

Was wäre, wenn du noch einmal auf die Welt kämst, dann aber ein Baum wärst?

Was wäre, wenn es keine Altersheime mehr gäbe?

Was wäre, wenn alle Menschen das gleiche Einkommen hätten?

Was wäre, wenn es verboten wäre, mit Privatautos zu fahren? etc.

Legen Sie die Karten verdeckt auf den Tisch. Nun ziehen Sie abwechselnd eine Karte und teilen sich gegenseitig spontan mit, was Sie beide jeweils tun würden.

Liebe ist ...

Sie benötigen: Papier und Stift

Stellen Sie sich selbst ein Thema, das Ihnen wichtig ist, z.B.:
Liebe

Arbeit
Familie
Freude
Hoffnung
Gerechtigkeit
usw.

Nun entwerfen Sie jeder für sich Aphorismen, die eine pointierte Sichtweise zu dem Thema illustrieren. Zum Beispiel:

Liebe ist eine große Tasse Milchkaffee, die du mir ans Bett bringst.

Keine Angst, das ist gar nicht so schwer. Lassen Sie die Ideen einfach kommen. Lesen Sie sich dann gegenseitig vor, was Sie erfunden haben.

Schreib-Spiele

Oft ist es sinnvoll, etwas aufzuschreiben, obwohl man es auch sagen könnte. Gerade wenn ein Partner viel und gerne redet, sorgen Schreibspiele dafür, die Worte und die Redezeit mehr zu beachten.

Schreibspiele ermuntern uns, über Worte nachzudenken, und das ist in jeder Beziehung sinnvoll.

Wie andere mich sehen

Sie benötigen: Papier und Stifte

Beide Partner notieren sich Vermutungen darüber, was fremde Menschen an Ihnen mögen. Anschließend tauschen Sie sich darüber aus. Kann Ihr Partner Ihre Vermutungen bestätigen?

Als nächstes schreibt jeder Vermutungen darüber auf, was fremde Menschen befremdlich und vielleicht sogar beängstigend an ihm finden. Unterhalten Sie sich auch darüber mit Ihrem Partner.

Illusion

Sie benötigen: Papier und Stift

Versuchen Sie beide, fünf bis zehn Illusionen aufzuschreiben, die Ihr Berufs- oder Privatleben betreffen. Zum Beispiel: Wenn ich freundlich bin, werde ich freundlich behandelt.

Lesen Sie sich anschließend Ihre „Illusionen“ vor und tauschen Sie sich darüber aus.

Werte

Sie benötigen: Papier und Stift

Beantworten Sie jeder für sich auf einem Blatt folgende Fragen:

1. Wann war ich in bezug auf meine Werte verunsichert?
2. Tue ich das, was meinen Werten entspricht?
3. Vergrößern oder verkleinern meine Wertvorstellungen meinen Handlungsspielraum?
4. Woher habe ich meine zentralen Wertvorstellungen?
5. Wo und wie bringe ich meine Wertvorstellungen öffentlich zum Ausdruck?
6. Wie beeinflussen meine Wertvorstellungen unsere Beziehung?

Besprechen Sie Ihre Antworten.

Anzeige

Sie benötigen: Papier und Stift

Stellen Sie sich vor, Sie geben eine Anzeige auf, die etwas über Ihr Leben aussagt. In welche Rubrik soll die Anzeige kommen?

Verloren – Gefunden
Ankauf – Verkauf
Sport
Politik und Wirtschaft
Kulturelles
oder Nachrichten?

Formulieren Sie Ihre Anzeige unter der gewählten Rubrik und geben Sie sie Ihrem Partner zum Lesen. Ein Beispiel:

Rubrik Verloren – Gefunden: „Habe meine Lust am Abwaschen verloren. Wer sie mir wiederbringt, bekommt sauberes Geschirr."

Dieses Spiel sollten Sie ab und zu wiederholen.

Menschen-Theater

Sie benötigen: Ein großes Blatt Papier und zwei Stifte von unterschiedlicher Farbe

Schreiben Sie auf ein gemeinsames Blatt alle Rollen, die Sie bisher in Ihrem Leben innehatten, untereinander auf. Zum Beispiel:

Die gute Mutter
Der schlechte Verlierer
Der charmante Lover
Die große Verwöhnerin

Bewerten Sie jeder für sich die eigenen und die Rollen des Partners. Hierfür sucht sich jeder einen eigenen Farbstift aus. Machen Sie ein Plus, wenn Sie eine Rolle gut finden, und ein Minus, wenn Ihnen die Rolle nicht so gut gefällt. Es steht Ihnen ein interessanter Austausch über Ihre Bewertungen bevor!

Autobiographie

Sie benötigen: Papier und Stifte

Stellen Sie sich vor, daß Sie beide Ihre Autobiographie schreiben wollen. Hierfür überlegen Sie sich jetzt das Inhaltsverzeichnis. Schreiben Sie alle wichtigen Kapitelüberschriften auf. Achten Sie beim anschließenden Austausch auf Gemeinsamkeiten und Unterschiede.

Märchen

Sie benötigen: Ein großes Blatt Papier, Stifte

Bei diesem Spiel entsteht in „Partnerarbeit" ein eigenes, selbsterdachtes Märchen. Einer beginnt, indem er den möglichen Anfangssatz eines Märchens aufschreibt. Zum Beispiel: Es waren einmal ein armer Mann und eine arme Frau ...

Nun ist der andere an der Reihe und fügt einen weiteren Satz hinzu. Auf diese Weise wird abwechselnd immer ein Satz geschrieben (oder nach Vereinbarung auch mehr).

Auf eines ist dabei zu achten: Märchen haben (fast) immer ein gutes Ende.

Gedicht

Sie benötigen: Am besten farbige Stifte und besonderes Papier

Dieses „Spiel" funktioniert im Großen und Ganzen wie „Märchen", nur mit dem Unterschied, daß immer abwechselnd eine Zeile geschrieben wird. Man kann sich auch auf eine bestimmte Zeilenanzahl einigen, die eingehalten werden muß. Ebenso kann bestimmt werden, daß beispielsweise Kreuz- oder Paarreime entstehen sollen.

Als Anregung empfiehlt es sich, einige Liebesgedichte zu lesen, zum Beispiel: „Es ist Unsinn, sagt die Vernunft" von Erich Fried

Mind Map

Sie benötigen: Farbige Stifte, zwei größere Blätter Papier

Schreiben Sie jeder für sich in die Mitte des Blattes einen Begriff oder ein Thema, über das Sie beide gerade nachdenken oder das Ihnen Konflikte bereitet.

Machen Sie um den Begriff einen Kreis in einer Farbe, die Ihrer Meinung nach dazu paßt. Bilden Sie jetzt Assoziationen zu dem Begriff und schreiben Sie diese in der Reihenfolge, in der sie entstehen, auf das Papier, wobei Sie Umrandungen und Kennzeichen in der jeweils passenden Farbe hinzufügen. Zum Beispiel:

Sie werden entdecken, daß auch Ihrem Gehirn (mind) solche Landkarten (map) Spaß machen und daß Sie auf diese Weise mehr Ideen produzieren, die Sie zudem besser im Gedächnis behalten. Zeigen Sie nach Fertigstellung Ihrem Partner Ihre „Karte“ und erklären Sie ihm, wie Sie vorgegangen sind.

Was mich stört

Sie benötigen: Papier und Stifte

Jeder bekommt einen Zettel und schreibt drei konkrete Verhaltensweisen auf, die ihn am Partner stören. Anschließend werden die „Fehler“ abwechselnd erörtert, indem gefragt wird:

Wer von uns hat diesen Fehler am meisten?

Wie können wir ihn aus dem Weg räumen?

Adjektive

Sie benötigen: Papier, Stifte und gute Laune

Fertigen Sie eine Liste mit bis zu 24 Adjektiven („Wiewörter“) an, die Ihren Partner charakterisieren. Es dürfen positive und negative Eigenschaftswörter sein. Tauschen Sie anschließend Ihre Listen aus und besprechen Sie sie.

Als nächstes schreiben beide Handlungsschritte für Ihren Partner auf:

1. Es würde mir helfen, wenn Du folgendes vermehrt tätest: …
2. Es würde mir helfen, wenn Du folgendes weniger tätest: …

3. Es würde mir helfen, wenn Du folgendes anfingst zu tun: ...

4. Bitte tu weiterhin diese Dinge: ...

Jetzt werden die so entstandenen Vorschläge diskutiert. Herrscht über einen Punkt Übereinstimmung, wird er abgehakt; er zeigt den guten Willen sowie die Verpflichtung zur Änderung an.

Ich muß

Sie benötigen: Papier und Stifte

Jeder schreibt ohne langes Nachdenken zehn Zwänge auf, die der Arbeitsalltag mit sich bringt. Anschließend helfen Sie sich gegenseitig bei der Beantwortung folgender Fragen:

Welche Zwänge lassen sich abbauen?
Wie können Sie sich gegenseitig dabei unterstützen?
Bei welchen Zwängen wird Zeit und Energie verschwendet?
Genieße oder bedaure ich meine Zwänge?

Zwanzig Dinge

Sie benötigen: Papier und Stifte

Jeder bekommt ein Blatt und schreibt ohne langes Grübeln zwanzig Dinge auf, die ihm Spaß machen. Dann werden die

Dinge, die Sie schon verwirklichen mit einem Plus, und die, die Sie noch nicht verwirklicht haben mit einem Minus versehen. Anschließend besprechen Sie gemeinsam, warum Sie die mit einem Minuszeichen versehenen Dinge noch nicht verwirklicht haben. Unterstützen Sie sich gegenseitig darin, zukünftig wenigstens einen Spaß mehr zu haben.

Wenn ich sechs Richtige hätte

Sie benötigen: Zettel oder Karten gleicher Größe, zwei Stifte, zwei Schreibblöcke, eine Sand- oder Stoppuhr

Auf die Zettel schreiben Sie je einen Satzanfang wie:

Wenn ich im Lotto sechs Richtige hätte, würde ich …

Wenn ich tun könnte, was ich wollte, würde ich …

Mein größter Wunsch ist …

Im nächsten Urlaub möchte ich …

Wenn ich mir einen Traum verwirklichen dürfte, würde ich …

Sie bestimmen selbst, wie ernst oder wie witzig Sie das Spiel haben wollen.

Wenn Sie alle Zettel bzw. Karten vorbereitet haben, mischen Sie sie und legen sie verdeckt auf den Tisch. Abwechselnd wird nun jeweils eine Karte gezogen. Dann wird die Sanduhr in Gang gesetzt (bzw. die Stoppuhr, die Sie ganz nach Ihrem Wunsch einstellen können, am besten aber nicht auf mehr als auf fünf Minuten) und solange sie läuft, schreibt jeder ohne langes Nachdenken Sätze auf seinen Block, die zu dem auf der Karte angegebenen Satzanfang passen. Zum Beispiel:

Im nächsten Urlaub möchte ich nach Frankreich fahren und im Atlantik baden.

Ich möchte auf einem kleinen Bauernhof zelten. Abends möchte ich ein französisches Menü genießen und nicht selber kochen ...

Wenn die Uhr abgelaufen ist, lesen Sie sich gegenseitig vor, was Sie geschrieben haben.

Es empfiehlt sich, nicht mehr als zwei Karten pro Abend zu ziehen und sich lieber länger über das Geschriebene auszutauschen.

Für Dich würde ich

Sie benötigen: Ein Blatt Papier, zwei Stifte

Jeweils abwechselnd schreibt ein Partner: „Für Dich würde ich ... '. Dann knickt er das Blatt nach hinten um.

Der nächste fährt fort, zum Beispiel so: „Tausend Meter laufen ...". Oder: „Bei jedem Wetter einkaufen gehen ...". Oder: „Schmutziges Geschirr abwaschen ...". Dann knickt er das Blatt ebenfalls nach hinten um, so daß sein Partner nicht sehen kann, was er/sie geschrieben hat.

Nun schreibt der erste wieder: „Ein Schloß kaufen ...", „Kirschen klauen ...", „Rock 'n Roll tanzen ..." usw.

Der zweite liest nun vor. Danach beginnt er einen neuen Zettel.

Ein Beispiel: „Für Dich würde ich, ohne lange nachzudenken, einen Zauberkurs besuchen."

Was machst Du damit?

Sie benötigen: Stifte sowie viele kleine Zettel von gleicher Größe

Sie beschriften jeden Zettel mit einem Subjekt (evtl. auch mit einem Adjektiv), das Ihnen gerade einfällt. Je mehr Zettel und ungewöhnliche Einfälle, desto besser. Einige Beispiele:

Eiswürfel
Büstenhalter
Rostiger Nagel
Rote Rose
Dreckige Socke
Glatze
Lippenstift
Drillinge

Sie ziehen nun abwechselnd je drei Zettel und bilden damit ein oder mehrere Sätze, wie z.B.: „Wenn ich einen *Lippenstift* hätte, würde ich Dir ein Herz auf die *Glatze* malen und Dir eine *rote Rose* schenken." Sie können natürlich auch mehr als drei Zettel ziehen und so meterlange Sätze produzieren.

Komplimente

Sie benötigen: Zettel, Stifte, Block

Auf die Zettel schreiben Sie verschiedene Bereiche, über die man Komplimente machen kann. Zum Beispiel:

Haushalt

Einkauf
Aussehen
Körper
Wissen
Arbeit
Kindererziehung
Sport
Küche
Freunde
usw.

Immer abwechselnd wird nun ein Zettel gezogen. Daraufhin macht jeder dem anderen auf dem Block Komplimente. Zum Beispiel bei Einkauf: „Du bist sparsam“, „Du vergißt nichts“, „Du bringst mir auch mal eine Überraschung mit“.

Die Zettel werden abwechselnd vorgelesen. Kommentare sind erst nach dem Spiel erlaubt.

Drei Wünsche

Sie benötigen: Zwei Briefumschläge, Papier, Stifte

Übergeben Sie einander zu einem festgesetzten Zeitpunkt jeweils einen verschlossenen Briefumschlag. In diesem befinden sich drei positiv formulierte Wünsche (negative Formulierungen mit nicht und kein sind unzulässig.) Wählen Sie den Zeitpunkt der Wunschabgabe so, daß Sie nach der Lektüre nicht darüber reden (können). Geben Sie keinen Kommentar ab!

Nach ca. 24 Stunden oder mehr – je nach Absprache – haben Sie einen dieser drei Wünsche erfüllt, ohne dem anderen mitzuteilen, welchen. Er bemerkt dies hoffentlich!

Setzen Sie sich nun in Ruhe zusammen und teilen Sie sich gegenseitig Ihre Erfahrungen und vielleicht auch Ihre Enttäuschungen mit.

Dieses Spiel wird schön, wenn Sie etwas Übung in Wunscherfüllung haben.

Wünsche raten

Sie benötigen: Zettel, Stifte

Sie schreiben wieder verschiedene Bereiche auf Zettel – wie beim Komplimente- Spiel. Nun zieht ein Partner einen Zettel und deckt auf, was darauf steht. Der andere vermutet daraufhin, was der Partner, der den Zettel gezogen hat, sich aus diesem bestimmten Bereich wünscht. Der Partner darf die Vermutungen nur mit Gesten bestätigen oder verneinen. Ein Beispiel:

Frau deckt auf: Urlaub.

Er sagt: Ich vermute, Du wünscht Dir, im nächsten Urlaub mehr Zeit für Dein Hobby zu haben.

Sie nickt heftig.

Er: Ich vermute, Du würdest am liebsten ...

Er vermutet solange, bis ihm nichts mehr einfällt.

Kommentare sind erst nach Spielende gestattet.

Stadt, Land, Kuß

Sie benötigen: Papier, Stifte, eventuell ein Lineal

Sie fertigen sich nach gegenseitiger Absprache je eine Tabelle mit mehreren Rubriken Ihrer Wahl an. Zum Beispiel:

Ein Land, von dem Du träumst
Eine Stadt, in die Du gern fahren würdest
Ein Tier, das Du (nicht) magst
Eine Sportart, die Dir gefallen könnte
Etwas, was Du gerne finden würdest
Etwas, wofür Du viel Geld ausgeben würdest
Etwas, was Du gerne ißt

Wie beim „normalen“ Stadt, Land, Fluß-Spiel sagt nun einer im Stillen das ABC auf, bis der andere ihn stoppt. Der so ermittelte Buchstabe ist der Anfangsbuchstabe der Wörter, die nun den verschiedenen Rubriken zugeordnet werden. Jeder Partner versucht so viele Begriffe über den anderen zu finden, wie ihm in einem bestimmten Zeitraum einfallen (dieser Zeitraum kann beispielsweise durch eine Stopp- oder Sanduhr festgehalten werden). Als nächstes lesen beide Ihre gesammelten Wörter vor. Für jedes Wort, von dem der Partner meint, es passe zu ihm, gibt es einen Kuß.

Optional kann man auch Phantasiewörter wie „Schlummerland“ zulassen.

Einsame Insel

Sie benötigen: Zwei Blätter Papier und zwei Stifte

Jeder notiert auf sein Blatt zehn Dinge, Personen, Tiere oder Pflanzen, die er auf eine einsame Insel mitnehmen würde. Dann werden die Listen ausgetauscht. Kommentare sind erlaubt.

Wenn Sie Lust haben, können Sie aus den zwei separaten Listen eine einzige machen – für den Fall, daß Sie gemeinsam auf eine einsame Insel gelangen.

Hör-Spiele

In unserer Welt der visuellen Reize und Überreizungen verkümmert das Hören mehr und mehr. Zuhören fällt uns allen schwer.

„Nur hör' doch mal zu!" ist oft der hilflose Ausruf von Verzweifelten.

Die Hör-Spiele sollen ermuntern, ab und zu die Augen zu schließen und zu lauschen. Zuhören ist ein entscheidender Bestandteil von Beziehungen. Es ist die beste und konstruktivste Reaktion, die man einem anderen Menschen bieten kann.

Hör-Spiele ermuntern, auch auf die leisen Töne zu achten, die Zwischentöne wahrzunehmen und dem Klang der Stimme wieder Beachtung zu schenken.

Halligallidideldu

Sie benötigen: Ihre Stimme

Jeder spricht dem anderen eine sinnlose Silbenfolge vor, um einen bestimmten Zweck bzw. bestimmte Gefühle auszudrükken. Der andere muß raten, was gemeint ist. Zum Beispiel:

Um etwas bitten
Verzweifelt sein
Ängstlich sein
Sich verlassen fühlen
Fröhlich sein
Genießen
Sich freuen
Sich ärgern
Nach etwas fragen

Wahr oder gelogen?

Sie benötigen: Ihre Stimme

Ein Partner schließt die Augen. Der andere sagt einen Satz. Der erste versucht nun, am Klang der Stimme zu erkennen, ob das Gesagte wahr oder gelogen ist. Zum Beispiel:

Ich möchte Dir einen Kuß geben.
Ich gehe morgen zum Bäcker.

Es geht dabei weniger darum, wer besser im Lügen oder Herausfinden ist, als darum, dem Klang der Stimme des andern wirklich zu lauschen.

Hier und jetzt

Sie benötigen: Nur sich selbst

Setzen Sie sich bequem hin und beginnen Sie damit, auf Ihren Atem zu achten.

Nehmen Sie all Ihre Gedanken und Gefühle wahr, ohne sie zu bewerten.

Nun beginnen Sie, auf die Geräusche zu achten, die Sie hören. Auf ein verabredetes Zeichen hin kommen Sie (nach ca. 5 Minuten) mit Ihrer Aufmerksamkeit zurück. Tauschen Sie sich über Ihre Hör-Erlebnisse aus.

Muesie

Sie benötigen: Einen CD-Spieler oder Kassettenrecorder, ein Musikstück Ihrer Wahl sowie Papier und Stift

Hören Sie sich ein vorher gemeinsam ausgewähltes Musikstück in Ruhe an. Wenn die Musik zuende ist, schreiben Sie, ohne zu sprechen, Ihre Empfindungen in poetischer Form (Muesie = Musik & Poesie) auf. Anschließend tauschen Sie Ihre Blätter aus.

Nachfragen und positive Kommentare sind erlaubt.

Liedanfang

Sie benötigen: Kenntnis einiger Lieder oder Songs

Sie schließen beide die Augen und überlegen sich einen Liedanfang, der zu Ihrer gegenwärtigen Situation paßt.

Dann singen Sie sich diesen vor, schreiben ihn auf oder nennen ihn sich einfach nur gegenseitig.

Bewegung

Sie benötigen: Ein Musikstück Ihrer Wahl, Papier und Wachskreiden oder Tusche und Borstenpinsel

Sie hören sich die Musik aufmerksam an und setzen sie in

Bewegung um. Danach hören Sie die Musik noch einmal und malen Sie – wie immer Sie wollen.

Körperinstrumente

Sie benötigen: Sich selbst

Wieviele Geräusche können Sie nur mit körpereigenen Mitteln herstellen?

Entweder Sie machen daraus ein Ratespiel, indem einer die Augen schließt und erraten muß, wie der andere das Geräusch oder den Rhythmus erzeugt hat, oder Sie veranstalten gleich ein gemeinsames Konzert mit sich selbst.

Kreative Spiele

Unter dieser Überschrift sind Spiele zusammengefaßt, die gestalterische Elemente wie Farben, Formen und ungewöhnliche Ideen zum Inhalt haben. Einige werden bei diesen Spielen denken:

Das kann ich nicht!

Oder: Was soll das?

Gerade diese möchte ich ermuntern, es einfach einmal zu probieren. Denn es geht ja nicht darum, etwas zu können, sondern etwas auszuprobieren, einen neuen Weg zu beschreiten, etwas Ungewohntes zu wagen. Nicht das Ergebnis, sondern das Tun zählt.

Prinzipiell könnnen Dinge, die Sie gar nicht mögen, Sie auf Elemente hinweisen, die Sie in Ihrer Persönlichkeit vernachlässigen. Das heißt: Wenn Sie jetzt damit anfangen, gewinnen Sie auf jeden Fall!

Unsere Beziehung, wie ich sie sehe

Sie benötigen: Papier, Bunt- oder Wachsstifte

Jeder bekommt ein Stück Papier und Bunt- oder Wachsstifte. Jeder zeichnet, ohne viel nachzudenken, ein Beispiel zum Thema „Unsere Beziehung, wie ich sie sehe". Nach Fertigstellung werden die Bilder ausgetauscht.

Ein Partner fängt nun an, über das Bild des andern zu reden, was ihm spontan dazu einfällt. Zum Beispiel:

Du siehst mich als Bär

Du machst Dich klein

Du malst eine Mauer zwischen uns usw.

Der zuhörende Partner schreibt alles ohne Kommentar mit. Anschließend werden die Rollen getauscht.

Danach erfolgt die Auswertung:

Was wollte ich darstellen?

Was hast Du gesehen?

Wo gibt es Übereinstimmungen?

Mein Leben aus Draht

Sie benötigen: Blumendraht

Jeder bekommt 30 cm Blumendraht und die Aufgabe, das eigene Leben bis zum Zeitpunkt des gegenseitigen Kennenlernens und danach als Plastik darzustellen.

Auswertung: Wie „Unsere Beziehung, wie ich sie sehe".

Wunschfiguren

Sie benötigen: Ton

Jeder bekommt einen Klumpen Ton und die Aufgabe, eine einfache Figur, die Ähnlichkeit mit einem Wunsch haben darf, zu formen. Mit dem Daumen wird dann von unten in die Figur ein Hohlraum hineingedrückt. Nach dem Trocknen wird in diesen ein Zettel gesteckt, der einen Wunsch für die Beziehung enthält. Anschließend werden beide Figuren vergraben. Über den Wunsch darf nicht gesprochen werden. Es ist aber erlaubt, Fragen zu stellen, die der Partner mit Gesten beantworten darf.

Streit T-Shirt

Sie benötigen: Zwei etwas zu große weiße T-Shirts und Textilfarben

Besorgen Sie sich zwei einfache weiße T-Shirts in Übergröße und Textilfarben. Entwerfen Sie nun jeder für sich selbst ein spezielles Streit T-Shirt. Es darf beschriftet und/oder bemalt werden (alles ist erlaubt). Wann immer Sie sich nun streiten, holen Sie Ihre T-Shirts, die an einem besonderen Ort stets griffbereit aufbewahrt werden, hervor und ziehen sie über.

Sie werden merken: So macht das Streiten wieder Spaß!

Hausarbeits-Spiel

Sie benötigen: Papier oder Pappe, Farbstifte, einen Würfel und zwei Spielfiguren

Besorgen Sie sich ein großes Blatt Papier oder Pappe, Farbstifte, einen Würfel und zwei Spielfiguren. Zeichnen Sie auf das Papier ein Ziel und ein Startfeld. Malen Sie nun immer abwechselnd vom Start bis zum Ziel einen Weg mit Feldern und markieren Sie besondere Felder farbig. Sie stehen für die notwendigen Hausarbeiten, z.B. Wäsche aufhängen, zusammenlegen, bügeln, abwaschen, Treppe putzen usw. usf.

Sie können entscheiden, ob diese Aufgaben für einen Tag oder eine Woche ausgewürfelt werden sollen.

Und los gehts: Jeder nimmt einen Block und notiert die Aufgaben, die ihm zufallen. Aufgaben, die nicht erwürfelt wurden, werden entweder ausgelost, liegengelassen oder freiwillig übernommen.

Hinterher kann getauscht werden, z.B. abwaschen gegen bügeln.

Selbstporträt

Sie benötigen: Papier, Stifte

Jeder entwirft auf einem DIN A3 Blatt in groben Zügen ein Selbstporträt. Entscheiden Sie selbst, ob Sie sich auf das Gesicht oder den gesamten Körper einigen wollen.

Nun erklärt jeder dem anderen, was er an sich körperlich

nicht mag. Zum Beispiel: Ich finde meine Nase zu groß usw.

Der Partner kommentiert nach jedem Satz: Ich liebe Dich auch mit Deiner (angeblich) zu großen

Nase. Wenn beide „dran“ waren, sagt jeder über den anderen, was ihm körperlich an ihm/ihr gefällt.

Unser Weg

Sie benötigen: Papier oder Pappe, Stifte

Auf einem großen Blatt Papier oder Pappe wird ein Weg vom Start bis zum Ziel festgelegt und in Felder eingeteilt. Es werden nun auch „Fallen“ oder „Überraschungen“ nach Lust und Laune eingebaut (nicht zu viele, aber auch nicht zu wenige). Hierzu einige Anregungen:

Rotes Feld: Du kaufst nächsten Samstag Kinokarten und überraschst mich damit.

Blaues Feld: Du erteilst mir an einem Tag Deiner Wahl eine Rückenmassage.

Grünes Feld: Du überlegst Dir einen Spaziergang fürs Wochenende.

Gelbes Feld: Du kochst ein Liebesmenu oder entführst mich in ein Restaurant.

Wenn zwei „Ereignisse“ auf denselben Tag fallen, einigt man sich auf eines (es sei denn, man hat viel Zeit).

Fundstücke

Sie benötigen: Diverse „Fundstücke“ (Schneckenhäuser, Steine usw.), Tuch

Von einem Ausflug bringen Sie Fundstücke wie Schneckenhäuser, Holzstücke, Muscheln, Steine, Kronkorken, Blätter usw. mit.

Besorgen Sie sich ein einfarbiges Tuch, Filzstück oder eine andere Unterlage und breiten Sie Ihre „Kostbarkeiten“ darauf aus. Abwechselnd nehmen Sie nun eine davon vom Tuch und erklären Ihrem Partner, warum Sie gerade diese gewählt haben. Zum Beispiel:

Ich nehme das Schneckenhaus, weil es mich an meine Langsamkeit erinnert und ich schon als Kind Schnecken liebte.

Spielen Sie, solange Sie mögen – es müssen nicht alle Gegenstände gewählt werden.

Wenn Sie Lust haben, können Sie anschließend den Metalldeckel einer Keksdose mit Gips

ausgießen und Ihre Wahlstücke dort anordnen. Mit einem Draht können Sie auf der Rückseite eine Lasche anbringen, um das Ganze aufzuhängen. Alternativ kann man natürlich auch einfach einen Glaskasten oder eine Schachtel nehmen.

Wunschkästchen

Sie benötigen: Zwei Schuhkartons (oder zwei ähnliche Schachteln), diversen „Krimskrams“ (Fotos, Figuren …)

Jeder bekommt einen Schuhkarton. Dieser soll nun so gestaltet werden, daß der gemeinsame Lebenswunsch dargestellt wird. Hierzu dürfen Sie alles benutzen: Figuren, Zeitungsausschnitte, Stoff, Knete, Pappe, Fotos usw. Anschließend erklären Sie sich gegenseitig, was Sie sich gewünscht haben.

Gibt es Gemeinsamkeiten?

Was haben Sie vergessen, was Ihr Partner berücksichtigt hat?

Verzaubern

Sie benötigen: Malpapier, Farbstifte

Geben Sie sich gegenseitig folgende Anweisung: „Stell Dir vor, Du könntest zaubern und hättest die Macht, mich in ein Tier zu verwandeln. Male auf das Tier, das ich dann wäre.“

Wenn beide Partner gemalt haben, spricht jeder über sein Bild.

Der andere hört schweigend zu. Wenn beide erzählt haben, besprechen Sie Ihre Gefühle und Wünsche, die Sie beim Malen hatten.

Ich war, ich bin, ich werde sein

Sie benötigen: Zwei Malblöcke, Ölkreiden oder Tusche ggfs. anderes Material

Spielen Sie dieses Spiele entweder ganz schnell und spontan oder lassen Sie sich dafür sehr viel Zeit. Oder gehen Sie eine Weile damit schwanger, bevor Sie es zu einem verabredeten Zeitpunkt ausführen.

Ihre Aufgabe bei diesem Spiel ist es, drei Porträts (Plastiken oder Environments) von sich anzufertigen, unter den Überschriften:

Ich war
Ich bin
Ich werde sein.

Vergessen Sie bei Ihrem anschließenden Austausch nicht herauszufinden, welche wertvollen Erfahrungen jede Lebensphase mit sich bringt.

Mein Baum

Sie benötigen: Papier und Stifte, Tusche oder auch Filz, Stoffreste und Perlen

Stellen Sie sich einen Baum vor. Durchleben Sie sein Wachstum und die verschiedenen Jahreszeiten. Malen Sie diesen Baum (oder basteln Sie ihn) und tauschen Sie sich in Ruhe über Ihre fertigen Bilder aus.

Wenn Sie sich mit Ihren Bäumen viel Mühe geben, sind

diese ein schönes gegenseitiges Geschenk, das vielleicht mehr sagt als viele Worte.

Zukunft

Sie benötigen: Einige alte Illustrierte, Schere, Klebe, Papier

Wählen Sie aus den Illustrierten Bilder aus, die Ihre Zukunft symbolisieren können, kleben Sie diese zu einer Collage zusammen. Es spricht viel für die Annahme, daß solche Bilder die Erfüllung von (realistischen) Wünschen nach sich ziehen können, wenn man sich das Ziel immer wieder vor Augen führt.

Persönlicher Reichtum

Sie benötigen: Einen großen Bogen Papier, Schere, Klebe und alte Illustrierte

Denken Sie einige Minuten über Ihren persönlichen Reichtum nach:

Welche Begabungen und Fähigkeiten haben Sie?

Was konnten Sie im Leben schon erreichen, was zeichnet Sie besonders aus?

Wofür können Sie dankbar sein?

Stellen Sie Ihren persönlichen Reichtum gemeinsam als große Collage dar. In schlechten Zeiten ist es gut, sich diese Collage wieder anzugucken.

Masken

Sie benötigen: Alte Zeitungen, Tapetenkleister, farbiges Seidenpapier, eine alte Wachsdecke oder Folie zum Abdecken Ihres Tisches

Jeder von uns hat eine schöne und eine häßliche Seite. Welche zeigen Sie wann? Welche verbergen Sie vielleicht?

Fertigen Sie aus Zeitungspapiermaché und Kleister eine Maske an, die Ihre verborgene Seite zeigt. Es empfiehlt sich, mit geschlossenen Augen zu arbeiten. Wenn die Maske gestaltet ist, bekleben Sie sie mit Seidenpapier und färben sie so. Die Maske muß jetzt eine bis zwei Wochen trocknen. Natürlich können Sie auch warten, bis die Maske getrocknet ist, und sie dann mit deckender Farbe bemalen.

Tauschen Sie die Masken und beschreiben Sie einander, wie es sich anfühlt, durch die Maske des Partners zu schauen.

Mal-Spiele

Für diese Spiele benötigen Sie einen Tuschkasten, Aquarellfarben, Buntstifte und Wachskreiden. Falls Sie Kinder haben, werden diese sicherlich begeistert sein, Sie mit Farben hantieren zu sehen.

Leider malen die meisten Erwachsenen viel zu selten und verbauen sich so das Tor zu neuen Sichtweisen, Erfahrungen und Experimenten. Viele Erwachsene sagen: „Ich kann nicht malen."

Dieses Argument zählt aber nicht. Sie müssen es nämlich auch gar nicht können! Es wäre nur gut, wenn Sie damit anfingen. Als Sie drei Jahre alt waren, konnten Sie auch nicht malen, aber Sie wußten es nicht und fingen einfach damit an. Die „Mal-Spiele" sind „die Gelegenheit", noch einmal anzufangen.

Baum des Lebens

Sie benötigen: Papier und Farbstifte

Gemeinsam malen Sie einen Baum mit Wurzeln und Krone.

In den Wurzeln schreiben Sie nun Ihre Fähigkeiten, in die Krone Ihre gemeinsamen Wünsche und

Ziele, die Sie erreichen wollen.

Problembild

Sie benötigen: Papier und Farbstifte

Nehmen Sie sich ein Problem vor, das Sie derzeit nicht lösen können. Jeder von Ihnen malt unabhängig vom anderen das Problem auf.

Anschließend redet jeder ca. fünf Minuten über das Bild des Partners, dieser schreibt sich alles auf. Kommentare sind nicht erlaubt.

Lösungsbild

Sie benötigen: Papier und Farbstifte

Wenn Sie mit dem Problembild nicht weitergekommen sind oder lieber gleich mit der Lösung beginnen wollen, ist es sinnvoll die Lösung – jeder für sich – aufzumalen. So, wie es für Sie ideal wäre. Es gibt dabei weder finanzielle, emotionale noch sonstige Grenzen.

Schwelgen Sie in der Lösung und malen Sie sie groß und farbig.

Vergleichen Sie Ihre beiden Lösungen und versuchen Sie, eine Übereinstimmung zu finden.

Anschließend hängen Sie Ihre Bilder an einen Ort auf, an dem Sie sich häufig aufhalten, und schauen Sie sich das Bild immer wieder an.

Wenn Sie Erfahrung in Tiefenentspannung haben, können Sie Ihr Unbewußtes bitten, Ihnen einen Gedanken oder ein Bild zu schenken, das Ihnen hilft, die Schritte zu dieser Lösung zu finden.

Aquarell

Sie benötigen: Ein großes Blatt (Aquarell-) Papier, Pinsel und Aquarellfarben

Nachdem Sie das Papier gut angefeuchtet haben, beginnt einer, indem er Farbe auf das Papier tupft. Er beobachtet den Farbverlauf und sagt, was er in der Bewegung der Farben sieht.

Nun tupft der nächste eine Farbe und ergänzt die Geschichte auf seine Art. Auch hierbei geht es nicht so sehr um das fertige Bild als um den Weg dahin.

Schneemann

Sie benötigen: Papier und Stifte

In uns allen wohnt noch das kleine Kind, das wir einmal waren. Es ist unser verletzlicher, aber auch neugieriger, emotionaler und lebendiger Teil. Ebenso haben wir alle eine Eltern-Stimme in uns, die uns ermahnt und antreibt, vielleicht aber auch gut zuredet. Als drittes spüren wir in uns einen erwachsenen Teil, der versucht, die Dinge zu regeln, Wege zu finden und den Alltag zu gestalten. Dieser Teil ist rational und handlungsorientiert.

Malen Sie nun einen Schneemann, indem Sie die eben besprochenen drei Teile als drei verschieden große Kreise (bzw. Schneekugeln) darstellen, je nachdem, wie Sie glauben, daß die einzelnen Teile bei Ihnen vertreten sind.

Sprechen Sie mit Ihrem Partner über das Bild.

Gibt es auch Situationen, in denen es sich ändert?

Wie hätten Sie es gern, wenn Sie wählen könnten?

Variation:

Malen Sie für jeden Anteil eine Figur, zum Beispiel:

Einen Ball für das innere Kind

Ein Monster für den inneren Antreiber

Einen Füller für den Erwachsenen.

Sie können so auch weitere „Teilnehmer" in sich entdekken, zum Beispiel eine gute Fee, einen Miesmacher, einen Angstmacher usw.

Es ist hilfreich und nützlich, diese „Kopfbewohner" zu identifizieren und mit ihnen so etwas wie demokratische Konferenzen durchzuführen. Wie das geht? Stellen Sie sich einmal eine Diskussion zwischen Ihrem „Kind" und ihrem „Antreiber" vor. Das Kind will weiterspielen, der Antreiber schimpft, daß es gefälligst etwas Nützliches tun soll. Wenn die Konferenz demokratisch ist, haben *beide* Stimmen gleichviel Gewicht. So wird wahrscheinlich auch ein fairer Kompromiß geschlossen.

Landkarte

Sie benötigen: Zwei Blätter großes Papier, Buntstifte oder Filzer

Jeder malt die Landkarte seines Lebens. Sie soll berufliche und private Ziele enthalten, die durch Symbole wie Berge oder Städte ausgedrückt werden können. Auf Straßen werden die erreichten und unerreichten Ziele eingetragen. Zum Schluß tragen Sie mit einem Markierungspunkt Ihren jetzigen Standpunkt ein.

Wenn Sie beide fertig sind, erläutern Sie sich gegenseitig Ihre Landkarten.

Eignen Sie sich für gemeinsame Reisen?

Wichtiges Ereignis

Sie benötigen: Papier, Tuschkasten oder Farbstifte

Wählen Sie jeder für sich ein wichtiges Ereignis aus Ihrem Leben aus und malen Sie es auf. Dann tauschen Sie sich über Ihre Ereignisse aus.

Wie kam es dazu?
Wer hat dabei mitgewirkt, geholfen oder gestört?
Warum ist dieses betreffende Ereignis so wichtig?

Zeitkuchen

Sie benötigen: Zwei Blätter Papier und Buntstifte

Jeder malt auf sein Blatt Papier zwei Kreise. Diese sollen jeweils 24 Stunden Zeit darstellen. (Wahlweise auch Zeit allgemein oder durchschnittlich verbrachte Zeit.)

Teilen Sie nun jeder für sich den linken Zeitkuchen so auf, wie Sie Ihre Zeitaufteilung gerade empfinden, und geben Sie jedem Tortenstück eine Farbe und einen Namen. Zum Beispiel:

Gelb: Haushalt
Rot: Mit den Kindern spielen plus Vorlesen
Grün: Arbeit
Blau: Schlaf
usw.

Widmen Sie sich dann dem rechten Kreis und teilen Sie Ihn so auf, wie Sie Ihre Zeit gerne einteilen würden (ehrlich!), wenn Sie nur könnten.

Machen Sie sich anschließend auf eine Diskussion mit Ihrem Partner gefaßt.

Am Ende des Regenbogens

Sie benötigen: Aquarellfarben oder Buntstifte sowie Zeichenpapier

Am Ende des Regenbogens befindet sich bekanntlich ein Topf voll Gold. Sie malen jeder für sich Ihren ganz persönlichen Regenbogen, an dessen Ende sich ein persönlicher Goldtopf (ein Ziel, eine Idee oder ein Projekt) befindet.

Auf den Regenbogen können die Schritte zu diesem Goldtopf beschrieben werden. Hierbei können Sie sich gegenseitig helfen.

Gefühlskiste

Sie benötigen: Zwei große Bögen Papier und Buntstifte

Malen Sie jeder für sich auf dem Papier eine große Kiste mit drei Fächern folgenden Inhalts:

1. Gefühle, die ich akzeptiere und äußere.
2. Gefühle, die ich kenne, aber nicht äußern will.
3. Gefühle, von denen ich nichts weiß.

Die ersten beiden Fächer beschriftet jeder für sich alleine. Beim dritten Fach helfen Sie sich gegenseitig, Ihre unbekannten Gefühle zu entdecken.

Nähe und Distanz

Sie benötigen: Zeichenmaterial oder wahlweise auch Gegenstände

Jeder von uns braucht Nähe. Wir brauchen aber ebenfalls einen eigenen Raum um uns herum, d.h. Distanz zum Partner.

Malen Sie jeder für sich zwei Bäume, wovon einer symbolisch Ihr Verhältnis zur Nähe und der andere Ihr Verhältnis zur Distanz ausdrückt.

Wenn Sie sich lieber zwei Gegenstände suchen, die Ihr Verhältnis zu Nähe und zu Distanz ausdrücken, können Sie das natürlich auch tun.

Gemalte Gefühle

Sie benötigen: Aquarell- oder Tuschfarben und Gefühlskarten

Gefühlskarten werden so hergestellt: Beschriften Sie mindestens 20 Karten mit Gefühlen, z.B.

Traurigkeit, Enttäuschung, Freude, Stolz, Gelassenheit usw. Diese Karten können Sie dann nicht nur für dieses, sondern auch für einige andere Spiele benutzen.

Legen Sie die Karten jetzt offen auf den Tisch und bilden Sie Gegensatzpaare, also z.B.: Traurigkeit – Freude. Wählen Sie nun beide hieraus ein Paar, das Ihnen im Moment am ehesten entspricht.

Nun haben Sie dreißig Minuten Zeit, um ein Bild zu malen, das zu diesem Gefühlspaar paßt.

Anschließend stellen Sie sich Ihre Bilder gegenseitig vor

und tauschen sich darüber aus, wie Sie mit diesen Gefühlen im Alltag umgehen.

Kreis, Linie, Strich

Sie benötigen: Wachsstifte, Papier, Karten oder Zettel

Zuerst werden beliebig viele Karten mit Eigenschaften oder Verfassungen beschriftet: Zum Beispiel:

Energie
Weiblichkeit
Heimlichkeit
Geborgenheit
etc.

Die Karten werden verdeckt auf dem Tisch ausgebreitet. Abwechselnd drehen Sie nun jeweils eine Karte um und zeichnen zu dem Begriff etwas Entsprechendes, das jedoch nur aus Kreisen, Linien und Strichen bestehen darf.

Der Begriff darf also nicht gegenständlich dargestellt werden.

Haus, Baum, Weg

Sie benötigen: Zeichenpapier, Bunt- oder Wachsstifte

Malen Sie jeder für sich ein Haus, einen Baum und einen Weg und wenn Sie wollen auch noch mehr. Zeigen Sie sich anschließend Ihr Bild und identifizieren Sie sich mit einem Bildausschnitt. Zum Beispiel:

Ich bin die Baumwurzel, denn ich habe eine gute Beziehung zur Erde.

Ich bin das Haus mit der großen Tür, denn zu mir kommen gern viele Leute.

Gemeinsames Werk

Sie benötigen: Tuschkasten oder andere Farbe, Pinsel, großes Zeichenblatt oder anderes Material zum Bemalen

Sie sitzen einander gegenüber. Ihre Aufgabe besteht darin, gemeinsam ein abstraktes Bild zu malen, ohne miteinander zu sprechen. Sie dürfen nicht gleichzeitig malen.

Nach Beendigung des Bildes, spätestens jedoch nach einer Stunde, brechen Sie das Experiment ab und tauschen Ihre Erfahrungen aus.

Mandalas

Das Wort Mandala kommt aus dem Altindischen und bedeutet Kreis. Mandalas sind uralte Meditationszeichen, die in allen Kulturen der Welt entwickelt wurden. Vorbild für die von Menschen erdachten Mandalas war und ist die Natur. Viele Blumen, Stengelquerschnitte, Schneckenhäuser, Schneeflocken und andere natürliche Dinge sind Mandalas. Auch menschliches

Leben entsteht aus einem Kreis bzw. Punkt – dem Ei. Mandalas weisen uns auf einen wichtigen Aspekt des Lebens hin: Seine ursprüngliche Ganzheit.

Was der Kreis symbolisiert, erfahren Sie am anschaulichsten, wenn Sie folgendes ausprobieren:

Setzen Sie sich bei ruhiger Musik gemütlich zusammen. Jeder hat einen Malblock und einen Wachsstift. Fangen Sie nun an, einen Kreis zu malen und diesen immer wieder nachzuziehen, so daß eine fließende, runde Bewegung entsteht. Auf diese Weise können Sie leicht in einen tranceartigen Zustand gelangen und erfahren: Der Kreis ist in sich vollkommen, er hat etwas Spielerisches, Wohltuendes und Freies. Hier gibt es kein Anecken und keine Strenge. Er ist das Grundsymbol für Zeit und Raum, für Sonne, Mond und alle Planeten.

Den Kreis als Punkt haben alle Mandalas gemeinsam. Dreieck und Quadrat, Fünfstern oder andere Formen können hinzukommen. Die Symbolik dieser Formen können Sie auf gleiche Art erfahren wie die des Kreises. Der Unterschied ist jeweils deutlich spürbar.

Die folgenden Mandala-Spiele für Zwei können Ihnen Ruhe und Gelassenheit und vielleicht sogar Freude und Dankbarkeit vermitteln.

Für einige dieser Spiele benötigen Sie einen Mandala-Malblock (Bezugsadresse im Anhang). Es spricht jedoch nichts dagegen, gleich mit frei gemalten Mandalas zu beginnen.

C.G. Jung malte jeden Morgen so ein Mandala, um seine alltägliche Seelenverfassung zu erkunden.

Mandala 1

Sie benötigen: Einen Malblock bzw. ein Blatt Papier, Bunt- oder Wachsstifte

Setzen Sie sich in einer entspannten Atmosphäre zusammen. Vielleicht ist ruhige Musik angenehm.

Nun setzt einer einen Punkt auf das Blatt. Der andere malt um diesen Punkt etwas herum, irgendeine Form oder ein Muster.

Jetzt ist wieder der erste dran usw., bis ein Mandala entstanden ist.

Beim Malen sollten Sie nicht sprechen und sich erst hinterher über Ihre Erlebnisse und Gefühle austauschen.

Wenn Sie Lust dazu haben, können Sie die entstandene Zahlensymbolik (z.B. Kreis als Symbol für eins, Dreieck für drei, Vierck oder Quadrat für vier usw.) auswerten und sich auch über die Symbolik der von Ihnen benutzten Farben informieren.

Literatur hierzu finden Sie im Anhang.

Mandala 2

Sie benötigen: Zwei vorgegebene gleiche Mandalas zum Ausmalen, Stifte oder Aquarellfarben

Jeder malt für sich sein Mandala aus.

Anschließend vergleichen Sie Ihre Muster.

Tauschen Sie sich darüber aus, wer welche Farben in welcher Reihenfolge benutzt hat.

Mandala 3

Sie benötigen: Eine quadratische Filzplatte oder ein einfarbiges Quadrat aus Tonkarton sowie diverse Naturmaterialien wie Nüsse, Körner, Hagebutten, Blätter, Buchheckern, Kastanien u.a.

Einer fängt an, einen Kreisrand oder einen Mittelpunkt zu legen. Der nächste legt nun die Form seiner Wahl, z.B. ein Dreieck aus Körnern, dazu. So fahren Sie fort, bis Sie das Gefühl haben, fertig zu sein.

Solche Mandalas sind endlich und können auch als „Opfer“ betrachtet werden. Tibetische Mönche legen solche Muster aus Sand in höchster Vollkommenheit und übergeben Sie anschließend wieder der Erde als Zeichen, daß nichts auf dieser Welt von Dauer ist.

Besprechen Sie gemeinsam, was mit Ihrem Mandala geschehen soll.

Mandala 4

Sie benötigen: Ein vorgegebenes Mandala, Buntstifte oder Aquarellfarben

Teilen Sie ein Mandala mit einer dünnen Bleistiftlinie in zwei Hälften. Jede/r bekommt nun eine Hälfte zum Ausmalen zugeteilt. Diese wird ohne Absprache schweigend ausgemalt.

Sie erhalten so ein Mandala mit einem männlichen und einem weiblichen Aspekt und können sich von dem Endergebnis überraschen lassen.

Körper-Spiele

Genauso stark, wie unsere Gesellschaft von sexuell-körperlichen Idealen geprägt ist, genauso schwach können Paare diese Vorgaben leben. Wir sehen im Fernsehen attraktive Paare beim Küssen und im Bett – und fühlen uns meilenweit davon entfernt. Gerade Frauen vermissen das, was es außer „bumsen" – welch bezeichnendes, von Männern geprägtes Wort! – noch gibt.

„Er umarmt mich ja nur, weil er mit mir schlafen will!" ist eine häufig vorgetragene Beschwerde. Körperspiele sollen Sie ermuntern, den ganzen Körper wiederzuentdecken und mit ihm zu spielen. Auch hierbei können wir von dem Kind in uns lernen. Waren nicht Hände und Füße unser erstes Spielzeug? Und haben wir uns als Kinder nicht auch mit dem ganzen Körper gefreut?

Was hat sich verändert?

Sie benötigen: Nur sich selbst

Ein Partner dreht sich um. In der Zwischenzeit verändert der andere irgend etwas an sich. Zum Beispiel:

Einen Knopf öffnen
Haare hinter die Ohren klemmen
Strümpfe ausziehen
usw.

Wenn er sich wieder umgedreht hat, muß der andere Partner feststellen, was verändert wurde.

Atemübung

Sie benötigen: Eventuell eine Decke zum Drauflegen

Einer legt sich auf den Boden, der andere umfaßt mit beiden Händen seitlich seine Taille, hebt sie bei jedem Einatmen etwas hoch und läßt sie bei jedem Ausatmen wieder nach unten sinken.

Nach ungefähr zehn Minuten wird getauscht.

Rücken an Rücken

Sie benötigen: Fetzige Tanzmusik

Schalten Sie die Musik auf angenehme Lautstärke und tanzen Sie mit Druck und Gegendruck Rücken an Rücken.

Atem aussenden

Sie benötigen: Eventuell eine Decke zum Drauflegen

Einer liegt auf dem Rücken auf dem Boden, der andere legt ihm leicht die Hand auf den Bauch und bewegt sie in seinem Atemrhythmus auf und ab. Danach lenkt der am Boden Liegende den Atem und damit die Hand des anderen an verschiedene Körperteile seiner Wahl.

Nach zehn Minuten werden die Rollen getauscht.

Ich bin erst drei

Sie benötigen: Nur sich selbst

Geben Sie sich gegenseitig die Erlaubnis, sich für einen begrenzten Zeitraum (z.B. zwanzig Minuten) so zu bewegen, zu handeln und zu sprechen, als wären Sie drei Jahre alt.

Zeitlupe

Sie benötigen: Nur sich selbst

Führen Sie einen Ringkampf in Zeitlupe durch. Auf diese Weise verbinden sich Kraft und Selbstbeherrschung. Falls einer von Ihnen in Bedrängnis gerät, ruft er „Halt!“ und sie lösen sich sofort voneinander.

Grimassen

Sie benötigen: Nur sich selbst

Ganz ernst schneiden Sie sich abwechselnd Grimassen. Dabei wird nicht gesprochen. Lachen streng verboten!

Herzlich willkommen!

Sie benötigen: Gute Kenntnisse über fremde Sitten, Papier und Stifte

Setzen Sie sich gemütlich zusammen und denken Sie sich aus, welche typischen Begrüßungsgesten es in sehr fernen Ländern geben könnte. Je mehr Einfälle Sie haben, desto besser.

Schreiben Sie Ihre Ideen auf Karten oder Zettel und vermischen Sie diese.

Nun wird eine Karte nach der anderen gezogen. Ohne miteinander zu sprechen, begrüßen Sie sich auf diese Art.

Zur Anregung für Ihre eigenen Ideen einige Fakten:

Inder begrüßen sich, indem sie die Handflächen aneinanderlegen und sich verbeugen.

Eskimos reiben die Nasen aneinander.

Russen geben sich Brüderküsse.

Araber reiten scharf aufeinander zu und bremsen dann abrupt ab.

Moslems legen die rechte Hand auf die Stirn und streichen mit dieser dann bis zum Nabel.

Spanier küssen sich auf die Wangen.

In Mexiko stellt man sich dicht aneinander und beklopft sich gegenseitig die Schultern.

In Tibet streckt man sich die Zunge raus und zieht pfeifend Luft ein.

Nur nicht lachen!

Sie benötigen: Nur sich selbst und den nötigen Ernst

Sie sitzen oder stehen einander gegenüber und haben dabei nur eine Aufgabe: Sich gegenseitig zum Lachen zu bringen.

Dabei dürfen Sie nicht sprechen und keinen Körperkontakt haben.

Wettermassage

Sie benötigen: Hände und Rücken

Einer wendet dem anderen den Rücken zu. Auf diesem spielt sich dann eine Wetterlage nach der anderen ab, die der Massierende jeweils beschreibt: „Es regnet mild ...“.

Regen: Mit den Fingerspitzen den ganzen Rücken abklopfen

Sturzbäche: Mit flachen Händen von oben nach unten streichen

Blitze: Mit einem Finger Zickzacklinien ziehen

Sonnenschein: beide Hände auf den Kopf legen usw.

Nach einer Weile wird abgewechselt.

Handmassage

Sie benötigen: Beide Hände

Mit geschlossenen Augen erforschen Sie nacheinander die Hände Ihres Partners.

Anschließend teilen Sie sich erlebte Gefühle und Reaktionen mit.

Kopfmassage

Sie benötigen: Kopf und Hände

Einer sitzt bequem auf einem Stuhl. Der andere klopft ihm mit den Fingerkuppen leicht federnd und ganz schnell den Kopf ab.

Auch hierbei wechseln Sie sich bitte ab.

Dein Gesicht

Sie benötigen: Gesicht und Hände

Einer schließt die Augen. Der andere betrachtet das Gesicht des Partners. Dann fährt er mit den Fingerkuppen sanft die Gesichtslinien nach.

Danach wird gewechselt.

Anschließend teilen Sie sich erlebte Reaktionen und Gefühle mit.

Abklopfen

Sie benötigen: Nur sich selbst

Die eine dreht dem anderen den Rücken zu. Der klopft ihr von oben nach unten sanft ab. Das kann mit der flachen Hand oder mit den Handrücken ohne Druck geschehen. Finden Sie selbst heraus, was Ihre Partnerin besonders mag.

Auch hierbei abwechseln!

Haltungen

Sie benötigen: Nur sich selbst

Sie stehen oder sitzen einander gegenüber. Abwechselnd übernimmt einer die Führung, indem er eine bestimmte, alltägliche Körperhaltung vorgibt, die der andere spiegelt. Nun wird diese Haltung für einige Sekunden „eingefroren“, d.h. keiner bewegt sich.

Was finden Sie beide über diese Körperhaltung heraus?

Wozu würde es führen, wenn Sie diese Haltung immer einnähmen?

Dieses Spiel ist spannender, als Sie glauben.

Tandem

Sie benötigen: Eventuell eine Decke als Unterlage

Sie liegen beide gegeneinander auf dem Rücken, und zwar so, daß sich Ihre Fußsohlen gut berühren können.

Auf diese Weise fahren Sie jetzt Rad und können sich freuen, daß diese Übung nicht nur gesund ist, sondern auch eine Menge über Ihre Beziehung aussagt.

Lautloser Schrei

Sie benötigen: Nur sich selbst

Sie versuchen beide, mit Hilfe des Körpers lautlos zu „schreien", indem Sie sämtliche Muskeln so anspannen, als schrieen Sie tatsächlich.

Wie geht es Ihnen danach?

Was passiert in fünf Minuten?

Sie sitzen sich gegenüber und beobachten sich genau. Ihre Aufgabe ist, herauszufinden, was der andere wohl in fünf Minuten tun wird.

Liegen Sie richtig?

Wenn ja, woran haben Sie das gemerkt?

Spaziergang mit Händen

Sie benötigen: Die Hände

Halten Sie Ihre Handflächen im Abstand von ca. 4 cm einander gegenüber. Unternehmen Sie jetzt mit diesen vier Händen einen Spaziergang, ohne zu sprechen.

Hände führen

Sie benötigen: Die Hände

Sie stehen einander gegenüber, einer führt, einer folgt. Ohne zu sprechen, gibt einer vor, wie die Hände bewegt werden, während der andere ihm folgt.

Danach werden die Rollen getauscht.

Simsalabim

Sie benötigen: Nur sich selbst

Zuerst lernen Sie die drei Zeichen des Spiels:

1. Handkuß.
2. Arme über der Brust gekreuzt, Handflächen am Körper.
3. Hände hoch und mit den Finger wackeln, während sich die Handflächen drehen.

Einer von Ihnen gibt das Zauberwort: Simsalabim. Daraufhin machen Sie beide gleichzeitig eines der drei Zeichen.

Sind die Zeichen verschieden, sagt nun der andere Simsalabim; waren die Zeichen jedoch gleich, bekommt derjenige, der Simsalabim gesagt hat einen Punkt. Sieger ist, wer den anderen dazu gebracht hat, dreimal das gleiche Zeichen zu machen wie er oder sie selbst.

Der Sieger muß den Verlierer mit einem kleinen Geschenk stärken.

Lange Nase

Sie benötigen: Nur sich selbst

Sie stehen Rücken an Rücken und zählen laut: 1-2-3 huiii. Bei letzterem drehen Sie sich um und ziehen eine „lange Nase", zeigen sich einen Vogel oder machen sonst irgendeine Geste wie: Auf die Brust trommeln oder was Ihnen einfällt. Wenn Sie beide zufällig das gleiche gewählt haben, ist das Spiel beendet.

Fingerschreiben

Sie benötigen: Nur sich selbst

Schreiben Sie sich gegenseitig mit dem Finger Wörter auf den Rücken. Fortgeschrittene dürfen auch Sätze bilden.

Wer als „Tafel" diente, muß versuchen, die Botschaft zu entschlüsseln.

Das Letzte

Sie benötigen: Nur sich selbst

Sie stellen sich mit dem Rücken zueinander, die Füße leicht gegrätscht. Nun gibt eine/r das Kommando: „Auf die Plätze fertig - los!“ Dabei schwenken Sie Ihre Hinterteile im Gleichtakt.

Nun gilt es, den Partner durch Schubsen oder andere Überraschungsangriffe aus dem Gleichgewicht zu bringen, wobei nur der Po bewegt werden darf.

Riech-Spiele

Liebe mag zwar durchaus durch den Magen gehen, vor allem aber geht sie durch die Nase. Wohlgerüche haben zu allen Zeiten Liebende begleitet, und es tut gut, betörende oder verspielte, empfindsame oder verführerische Düfte selber herzustellen und spielerisch damit umzugehen.

Wie man das macht, zeige ich Ihnen auf den nächsten Seiten.

Nicht zu verachten ist jedoch auch der Eigengeruch eines jeden Menschen, der viel zu schade ist, um mit einem billigen Deo überdeckt zu werden.

Wissen Sie, wie Ihr Partner riecht?

Wenn nicht, können Sie ja den Riechtest machen.

Riechtest

Sie benötigen: Diverse getragene Kleidungsstücke, möglichst frisch vom Körper

Binden Sie Ihrem Partner die Augen zu und halten Sie ihm nacheinander verschiedene Kleidungsstücke unter die Nase. Darunter eines, das Sie eben noch anhatten. Findet er heraus, welches Ihnen gehört?

Danach werden die Rollen getauscht.

Urheber dieses Spiels ist Goethe. Er hatte Frau von Stein ein Mieder entwendet, um ab und zu an ihrer Lebensessenz schnuppern zu können.

Was mag ich, was magst du?

Sie benötigen: Verschiedene ätherische Öle von guter Qualität, das heißt natürliche Essenzen möglichst aus kontrolliert biologischem Anbau. Die „naturidentischen" riechen zwar auch gut, jedoch fehlt ihnen die Zauberkraft des Lebendigen, die man sich nicht vorenthalten sollte. Schon gar nicht in der Liebe.

Folgende „Liebesdüfte" sind besonders geeignet:

Zimt
Sandelholz
Koriander
Jasmin
Ingwer
Orange

Vanille
Muskatellersalbei

Wenn Sie keine ätherischen Öle haben, können Sie auch Früchte, Gewürze oder Kräuter nehmen.

Im Sommer läßt sich das Spiel auch draußen spielen.

Breiten Sie Ihre Schätze auf einem Tuch aus und halten Sie sich die Essenzen oder Pflanzenteile gegenseitig unter die Nase.

Sortieren Sie Ihre jeweiligen Lieblingsdüfte aus und machen Sie daraus ein Massageöl, indem Sie jeweils zwei Tropfen Ihres ätherischen Lieblingsöls in 10 ml fettes Pfllanzenöl (z.B. Mandelöl oder Sonnenblumenöl) geben.

Wenn Sie Früchte oder Gewürze und Kräuter verwandt haben, bereiten Sie daraus einen Salat zu.

Königin von Saba oder König von Thule

Sie benötigen: Ein Handtuch und Massageöl

Das Massageöl können Sie selber herstellen (vgl. „Was mag ich, was magst Du?“) oder fertig kaufen.

Der König oder die Königin besteigt nun den Thron, das heißt einen besonders bequemen Stuhl. Ein „Sklave“ salbt ihr/ihm nun die Füße mit „Salböl“. Der so behandelte Fuß wird in ein vorgewärmtes Handtuch gewickelt, bis der andere auch massiert wurde.

Nun werden die Rollen getauscht.

Bei dieser Fußmassage sollten Sie sanft und intuitiv vorgehen. Zuerst wird der ganze Fuß mit Öl eingerieben. Danach werden die einzelnen Partien, insbesondere jeder einzelne Zeh ohne großen Druck gestreichelt und gerieben.

Rote Ohren

Sie benötigen: Ein Massageöl Ihrer Wahl

Tauchen Sie Zeigefinger und Daumen in das Massageöl. Dann nehmen Sie das Ohr Ihres Partners/Ihrer Partnerin sanft zwischen diese Finger und massieren Sie es vom Ohrläppchen nach oben rundherum durch.

Liebeschampoo

Sie benötigen: Rosenwasser oder einen anderen Wohlgeruch

Während Ihr Partner/Ihre Partnerin wie beim Friseur in einem bequemen Sessel sitzt, massieren Sie mit dem Duftwasser sanft seine/ihre Kopfhaut. Hierzu bewegen Sie Finger und Hände so, als würden Sie den Kopf waschen. Schön ist auch, einzelne Haarsträhnen ganz sanft zu ziehen.

Friseur und Kunde sollten sich abwechseln.

Tor des Windes

Sie benötigen: Ein duftendes Massageöl

Die Stelle um den siebten Halswirbel im Nacken wird von den Chinesen „Tor des Windes“ genannt.

Sie können diese empfindliche Stelle, die sich bei Streß und vor Ausbruch von Krankheiten oft deutlich kühler anfühlt, erkennen, weil sie wie ein kleiner Hügel vorsteht. Diese Stelle sollte besonders zärtlich gepflegt werden.

Umfahren Sie das Tor des Windes mit einem in Massageöl getauchten Finger spiralförmig und wärmen Sie es zum Schluß mit der ganzen Hand.

Wechseln Sie sich auch hierbei ab.

Riechgeständnis

Sie benötigen: Nur sich selbst

Wo riecht Ihr Partner Ihrer Meinung nach am besten?

Wissen Sie das auswendig oder müssen Sie es erst einmal testen?

Nehmen Sie sich Zeit für dieses Riechspiel und vergessen Sie nicht, sich das Ergebnis gegenseitig mitzuteilen.

Stille Spiele

„Nichts wird so oft versehentlich
geöffnet wie der Mund."

Unter dieser Überschrift sind Spiele zusammengefaßt, bei denen fast nicht gesprochen wird. Weil wir im Alltag oft achtlos mit Worten umgehen, ist es sinnvoll, in stillen Spielen zu erfahren, wieviel wir einander ohne Worte mitteilen und wie wichtig es ist, sich gegenseitig Achtsamkeit entgegenzubringen.

Sprechende Augen

Sie benötigen: Ein Blatt Papier DIN A 4

Setzen Sie sich einander gegenüber. Einer hält sich das Blatt Papier so vor das Gesicht, daß nur die Augen und die Stirn zu sehen sind. Nun drücken Sie allein mit den Augen nacheinander verschiedene Gefühle aus. Zum Beispiel:

Wut
Trauer
Langeweile
Neugier
usw.

Der/die andere muß raten, welches Gefühl ausgedrückt wurde.

Danach werden die Rollen getauscht.

Deine Augen

Sie benötigen: Sich selbst

Setzen Sie sich einander gegenüber und schauen Sie sich in die Augen.

Solange, bis es unangenehm ist. Versuchen Sie, dieses unangenehme Gefühl eine Weile auszuhalten und prüfen Sie dabei:

Was denke ich jetzt?
Welche Gesichtsmuskeln verkrampfen sich?
Wo im Körper bin ich verkrampft?

Wie verhalten sich meine Hände?
Was sehe ich in Deinen Augen?
Was spüre ich dabei?

Schweigen

Sie benötigen: Sich selbst

Vereinbaren Sie einen Zeitraum, für dessen Dauer Sie miteinander schweigen. Beim ersten Mal vielleicht nicht mehr als dreißig Minuten. Dabei bleiben auch alle elektronischen Geräte ausgeschaltet.

Schweigen Sie einfach nur gemeinsam und erleben Sie sich selbst und Ihre/n Partner/in in der Stille. Es lohnt sich!

Gedanken lesen

Sie benötigen: Nur sich selbst

Sie sitzen einander gegenüber. Jeweils einer schließt die Augen und konzentriert sich auf einen positiven Aspekt des Partners.

Der andere versucht herauszufinden, was es wohl war.

Gemeinsam atmen

Sie benötigen: Sich selbst

Setzen oder legen Sie sich so nah zueinander, daß Sie den Atem des Partners hören können. Einigen Sie sich, wer den anderen im Atemrhythmus führt, und wechseln Sie nach einer Weile ab.

Während der eine Partner nun ganz normal weiteratmet und so „führt“, paßt sich der andere diesem Atemrhythmus ganz genau an. Ein Wechsel kann durch Händedruck angezeigt werden.

Nicht sprechen, nicht denken, nur atmen und fühlen.

Farben

Sie benötigen: Verschiedene einfarbige Tücher oder Tonpapier in verschiedenen Farben

Abwechselnd wählt jeder ein Tuch aus, auf das dann beide eine Weile schweigend schauen. Beantworten Sie danach für sich selbst folgende Fragen:

Welche Gefühle und Stimmungen löst diese Farbe in mir aus?

Woran erinnert sie mich?

Zu welchen Handlungen ermuntert mich diese Farbe?

Mein größter Erfolg

Sie benötigen: Erinnerungen

Welches Ereignis würden Sie als den größten Erfolg in Ihrem Leben betrachten?

Wie sahen Sie zu diesem Zeitpunkt aus?

Was rochen Sie oder wie rochen Sie?

Welche Farben bestimmten die Szene?

Was sagten Sie zu sich selbst?

Wie fühlten Sie sich?

Und wo im Körper fühlten Sie das?

Beantworten Sie sich gegenseitig diese Fragen so genau wie möglich.

Wenn einer von Ihnen in nächster Zeit vor einer schwierigen Situation steht, ist es sehr hilfreich, wenn ihm der Partner hilft, sich an diese Bilder und Gefühle zu erinnern, damit sie in die unbekannte neue Situation mitgenommen werden können.

Abschiednehmen

Sie benötigen: Eine gute Verfassung und gegenseitigen Trost

Welche Abschiede haben in Ihrem bisherigen Leben stattgefunden?

Welcher Abschied war leicht und welcher schwer?

Welcher Abschied beschäftigt Sie bis heute?

Gibt es etwas, was Sie aus diesen Abschieden für Ihre jetzige Beziehung mitnehmen?

Ankunft

Sie benötigen: Erinnerungen

Geben Sie sich zehn bis zwanzig Minuten Zeit, um sich an Ankünfte in Ihrem Leben zu erinnern. Zum Beispiel:

Ihre Geburt,
Eintritt in den Kindergarten,
Schuleintritt,
eine besondere Reise bzw. Ankunft am Reiseziel,
Eintritt ins Berufsleben,
Ihre erste Wohnung.

Tauschen Sie sich anschließend darüber aus.

Fällt es mir schwer oder leicht, irgendwo anzukommen?
Bin ich neugierig oder ängstlich?
Was hilft mir, irgendwo gut anzukommen?

Spiele zum Dampfablassen

Streit gehört zum Alltag jeder längerfristigen Beziehung, er bringt uns weiter und einander näher. Allerdings nur, wenn er mit fairen Mitteln ausgetragen wird!

Obwohl es durchaus Paare gibt, deren Lebensinhalt aus dreißigjährigem Streit besteht, ist Streit den meisten von uns unangenehm. Wohin aber mit der Wut, die man aufeinander hat?

Die hier aufgeführten Spiele bieten faire Möglichkeiten zum Dampfablassen.

Ich empfehle Familien immer wieder, sich eine Wutecke einzurichten (zum Beispiel eine Art „Prügelsofa") oder einen „Wutsack" aufzuhängen. Nicht zu verachten sind auch die Streit T – Shirts (Vgl. Kreative Spiele). Sehr bewährt haben sich wenigstens bei zweien meiner Söhne auch die „Batakas". Das sind schaumstoffbezogene Schläger, mit denen man wunderbar Dampf ablassen kann, ohne andere groß zu gefährden (Bezugsquelle im Anhang). Dieselbe Firma stellt auch „Zornziegel" und „Wutbrocken" her. Diese benötigen Sie aber vielleicht gar nicht, wenn Sie die folgenden Spiele berücksichtigen.

Wutsack

Sie benötigen: Einen Deckenhaken, ein Seil, einen stabilen Stoffsack und Lumpen

Sie haben vielleicht schon von Paaren gehört, die Geschirr zerdeppern, Möbel in den Vorgarten tragen oder Hochzeitsgeschenke zertrümmern.

Eine billigere Variante, seine Wut loszuwerden, ist der Wutsack:

Sie füllen den Sack mit Lumpen, bzw. alten Kleidern, binden ihn fest zu und hängen ihn an einem stabilen Haken auf. Sie können diesen Sack nach Belieben mit Zetteln bekleben (Hornochse!), anbrüllen und natürlich kräftig mit Füßen und Fäusten bearbeiten. Der Wutsack nimmt einem nichts übel!

Finden Sie einen Sack nicht ästhetisch genug, können Sie auch die erwähnten Wutbrocken oder Zornziegel bestellen (Bezugsadresse im Anhang).

Hahnenkampf

Sie benötigen: Etwas Kraft und Geschick

Dieses alte Kinderspiel aus Indien eignet sich auch für Erwachsene. Spielen Sie es am besten barfuß. Die Arme sind vor der Brust verschränkt, und Sie stehen auf einem Bein. Mit Rempeln oder anderen Tricks versuchen Sie, den Partner aus dem Gleichgewicht zu bringen, so daß er gezwungen ist, das zweite Bein auf den Boden zu stellen. Dann hat er nämlich die erste Runde verloren.

Papierschlacht

Sie benötigen: Jede Menge Zettel oder Papiertüten, Stifte

Schreiben Sie auf verschiedene Zettel oder Tüten, was Sie alles an Ihrem Partner stört, nervt, ärgert und vielleicht auch wütend macht. Knüllen Sie jeden einzelnen Zettel lautstark zusammen bzw. lassen Sie die Tüten laut platzen. Anschließend bewerfen Sie sich mit den zerknüllten Papierteilen.

Wenn Sie Lust dazu haben, können Sie später alles bügeln oder einfach auseinanderfalten, durchlesen und in Ruhe darüber reden.

Hängematte

Sie benötigen: Eine Hängematte

Dies ist eigentlich kein Spiel, sondern eine Wohnungseinrichtung. Aber eine Hängematte ist wirklich hervorragend geeignet, um sich immer wieder „einzupendeln" (nach dem Ausrasten, aber vielleicht auch schon davor). Es gibt auch Hängematten für zwei Personen.

Die Düfte von Ylang-Ylang, römischer Kamille, Jasmin, Lavendel oder Rose (als ätherisches Öl in eine Duftlampe gegeben) machen es fast unmöglich, wütend zu bleiben (oder es erst zu werden).

Kissenschlacht

Sie benötigen: Zwei Kopfkissen

Wissen Sie noch, wie gern Sie das als Kind gespielt haben? Brillen ab, Vasen beiseite und los gehts.

Varianten:

Setzen Sie sich Rücken an Rücken.

Oder: Spielen Sie es im Freien auf einem Baumstamm. Wer fällt zuerst herunter?

Der Tanz von Geben und Nehmen

Sie benötigen: Zwei Axtstiele, erhältlich im Baumarkt

Jeder bekommt einen Axtstiel. Abwechselnd hält jeder seinen Axtstiel quer in die Höhe, während der andere senkrecht draufschlägt. Dabei tanzen Sie umeinander herum.

Tanzen Sie diesen Tanz solange, bis Sie Ärger und Frust losgeworden sind.

Komet

Sie benötigen: Einen Vollgummiball und einen Kniestrumpf

Sie lassen den Ball in der Strumpfspitze verschwinden und setzen dahinter einen Knoten. Mit diesem Wurfgeschoß begeben Sie sich in den nächsten Park. Am ausgestreckten Arm wird der Komet herumgewirbelt und im passenden Moment losgelassen.

So wechseln Sie nun immer schön ab: Werfen und fangen.

Kontakt

Sie benötigen: Nur sich selbst

Sie stellen sich in Armlänge einander gegenüber. Die Füße stehen eng beieinander, die Handflächen dem Partner zugewandt.

Ziel ist es, den Partner aus dem Gleichgewicht zu bringen. Dabei dürfen Sie sich nur an den Handflächen berühren.

Tanzstunde

Sie benötigen: Sich selbst, barfuß

Fassen Sie sich an den Händen und stellen Sie sich einander gegenüber.

Jeder versucht nun, dem anderen auf die Zehen zu treten.

Wilde Krabben

Sie benötigen: Eine gute körperliche Verfassung

Zur Krabbe werden Sie so: Sie begeben sich auf den Fußboden, Bauch nach oben, und stützen sich mit Fußsohlen und Händen ab. Der Po wird hochgedrückt und darf keinen Bodenkontakt haben.

Diese Haltung muß beibehalten werden! Sie dürfen aber entweder einen Fuß oder eine Hand heben, um Ihren Partner zu bekämpfen.

Ziel ist es, den anderen dazu zu bringen, seinen Po auf den Boden zu setzen.

Alle anderen Regeln dürfen gern erfunden werden.

Hände hoch oder ich schieße!

Sie benötigen: Nur sich selbst

Sie stehen sich gegenüber, die Hände hängen locker an den Seiten herab.

Plötzlich hebt einer entweder beide Zeigefinger als „Pistolen" und zielt auf den anderen oder hält beide Hände hoch.

Der andere muß sofort mit der Gegenbewegung reagieren.

Wer angefangen hat, versucht den Partner dazu zu bringen, die gleiche Bewegung zu machen. Wenn ihm das gelungen ist, übernimmt der andere die Initiative.

Spiele mit Phantasie

Für diese Spiele benötigen Sie nichts als Entspannung und Vorstellungskraft. Normalerweise werden diese Fähigkeiten nicht in der Schule gelehrt. Nur wenige von uns beherrschen sie. Gerade deshalb finde ich diese Spiele so wichtig, denn über die Phantasie und die Fähigkeit unseres Gehirns, Bilder zu produzieren, werden uns völlig neue Möglichkeiten eröffnet.

Wenn zwei Menschen sich mögen, sind dabei vielfältige innere Bilder und unbewußte Vorstellungen mit im Spiel. Wenn wir versuchen, mit unserem wachen Bewußtsein darüber zu reden, sind Mißverständnisse immer einzuplanen.

In der Sprache der Phantasie dagegen gibt es weder Mißverständnisse noch Argumente, die man sich um die Ohren schlagen könnte. Wir schauen auf Bilder, die unsere Gefühle beriühren, und alles „ist, wie es ist" – ohne Bewertung. Natürlich fragt unser Verstand: „Warum habe ich das geträumt?" oder „Warum habe ich mir jenes vorgestellt?" Und er hat vielfältige Bewertungen parat. Unsere Phantasie geht aber dennoch eigene Wege, und wenn wir sie lassen, können wir viel über uns und unseren Partner erfahren. Wie im Traum können neue Perspektiven benutzt werden, um einen Teil unserer Klischees und einschränkenden Überzeugungen außer Kraft zu setzen und wichtige Themen auf neue und erfrischende Art zu beleuchten.

Sie können solche Phantasiespiele auch selbst erfinden. Dies werden immer die besten sein.

Die folgenden können Ihnen als Anregung dienen.

Nur wer die inneren Bilder und Vorstellungen eines anderen Menschen kennt, kann ihn wirklich verstehen und lieben.

Anleitung

Diese Spiele benötigen eine besondere Atmosphäre und Stimmung. Sie sind ungeeignet, wenn man wütend aufeinander ist oder sehr viel zu erledigen hat. Auch ist nicht zu empfehlen, direkt nach dem Essen oder nach mehreren Tassen Kaffee damit zu beginnen. Unbedingt sollten Sie bequeme Kleidung tragen.

Die Spiele eignen sich gut für einen langen Abend oder als Einstimmung in ein Gespräch, das berührt und verändert.

Wenn Sie noch keine Erfahrung mit Entspannungstechniken haben, hier einige Grundregeln:

1. Der Kontakt zum Boden, zu „Mutter Erde“, ist wichtig. Entweder legen Sie sich in die Rückenlage, Beine bequem auseinander, Arme locker neben dem Körper, oder Sie sitzen auf einem Meditationskissen oder einem Stuhl. Wichtig sind ein gerader Rücken, eine würdevolle Haltung und der Kontakt zum Boden durch beide Fußsohlen. Die Arme liegen auf der Stuhllehne oder locker auf den Oberschenkeln.

2. Lassen Sie die Gedanken stets kommen und gehen ohne sie zu bewerten.

3. Fangen Sie früher oder später an, auf Ihren Atem zu achten, wobei Sie auf einen Gegenstand starren oder leise zählen können: „Einatmen 1, einatmen 2, einatmen 3“ usw.

4. Sofern es sich um eine Phantasiereise handelt, bei der Ihnen Ihr Partner den Text vorspricht, geben Sie Ihm mit einem Finger ein kleines Zeichen, das bedeutet: Ich bin so weit. Hören Sie dann entspannt auf seine ruhige Stimme, mit der er Sie durch die Phantasie führt.

5. Nach Beendigung der Phantasie fangen Sie an, Hände und Füße zu bewegen und sich gut durchzurecken.

Schöne Erinnerung

Sie benötigen: Vorstellungskraft

Wählen Sie ein Alter, mit dem Sie eine schöne Erinnerung und ein Gefühl von Erfolg und Zufriedenheit verbinden. Versetzen Sie sich – eventuell mit Hilfe eines Fotos – in dieses Alter zurück.

Lassen Sie die Farben, Düfte, die beteiligten Personen, Pflanzen und Tiere vor Ihrem geistigen Auge entstehen.

Schwelgen Sie in dieser schönen Erinnerung und teilen Sie sich diese anschließend gegenseitig mit.

Begegnung mit einer weisen Person

Sie benötigen: Sich selbst

Leiten Sie sich gegenseitig und nacheinander durch folgende Phantasie. Der eine spricht den Text ruhig und mit Pausen, der andere hört entspannt zu.

„Du stehst auf einer wunderschönen Wiese. Vor dir liegt ein schmaler Pfad. Du beschließt, dem Pfad zu folgen und gelangst in einen Wald. Während du durch den Wald gehst, entdeckst du einen kristallklaren See. Du bekommst Lust zu schwimmen. Du schwimmst leicht und voll Freude. Jetzt tauchst du hinab auf den Grund und durch eine Quelle.

Zu deinem Erstaunen befindest du dich auf einer Zauberwiese. Hier ist alles möglich.

Aus der Ferne siehst du eine freundliche Gestalt auf dich

zukommen. Sie ist weise. Du kannst ihr alle Fragen stellen.

Du begrüßt diese Person, sie lächelt dich freundlich an und du stellst deine Frage ...

Die Person antwortet dir, vielleicht in Form eines Bildes oder Gedankens. Auch wenn du die Antwort nicht verstehst, bedankst du dich dafür. Du verabschiedest dich und gehst deinen Weg zurück.

Über die Zauberwiese, durch die Quelle, schwimmst durch den See, steigst ans Ufer, durchschreitest den Wald, stehst wieder auf der Wiese und kommst von da in deinem eigenen Tempo hierher zurück in den Raum."

Wenn Sie beide diese Phantasiereise gemacht haben, tauschen Sie sich über Ihre Erlebnisse aus.

Der Tunnel der Träume

Sie benötigen: Sich selbst

Die folgende Phantasie eignet sich gut für abends vor dem Einschlafen:

„Stell dir vor, du wanderst allein durch eine schöne Landschaft. In der Ferne siehst du einen Fluß. Du beschließt, an sein Ufer zu wandern, und spürst den Geruch der Erde und des Wassers.

Nun stehst du am Fluß und folgst seinem Lauf. Nach einer Biegung bemerkst du ein kleines Floß.

Du stellst fest, daß es sicher und solide gebaut ist, und du beschließt, eine kleine Reise auf diesem Floß zu unternehmen. Du stößt dich vom Ufer ab und genießt das leichte Auf und Ab. Das Floß wiegt dich sanft hin und her, während du sicher weitertreibst. Nun bemerkst du vor dir einen Tunnel, der eine angenehme Kühle ausstrahlt. Plötzlich wird dir klar, daß dies der Tunnel deiner Träume ist.

Du bekommst Lust, während deiner Reise durch den Tunnel zu träumen, und du läßt dir Zeit. Es spielt keine Rolle, ob du diesen Traum erinnerst und wie wach du ihn erlebst. Langsam gleitest du dahin, im Vertrauen auf den Fluß und auf dein gutes Fahrzeug.

Nun bist du am Ende des Tunnels angekommen. Du genießt das warme und helle Sonnenlicht, das dich jetzt umgibt. Die Sonne gibt dir ein Gefühl von Freude und Glück. Du spürst, wie die Sonne deinen Körper einhüllt, und du weißt, daß du dich in diesem Augenblick ganz sicher fühlen

kannst, ganz eins mit dem Fließen des Wassers und der Wärme der Luft und all den Gerüchen und Tönen, während du so dahingleitest ...

Und nun kannst du dein Floß sanft landen lassen und hierher zurückkehren, erfrischt und wach."

Vor dem Einschlafen sollten Sie den Schluß natürlich variieren und den letzten Satz weglassen.

Das kleine Kind

Sie benötigen: Sich selbst

Lassen Sie sich von Ihrem Partner durch folgende Phantasie führen:

„Du bist in einem schönen Wald. Die Sonne scheint durch die Bäume und du folgst einem kleinen angenehmen Weg. Er führt zu einem Haus. Und während du näherkommst, entdeckst du ein kleines Kind, das lächelnd auf dich zukommt. Du fängst an, mit dem Kind zu reden. Und es antwortet dir. Höre nun zu, was das Kind dir sagen möchte.

Nun verabschiedest du dich von dem Kind und kehrst hierher zurück, erfrischt und wach."

Höhlenmalerei

Sie benötigen: Sich selbst

Diese Phantasie kann Ihnen Mut vor schwierigen Situationen machen.

„Du bist in einem felsigen Gebirge unterwegs. Plötzlich entdeckst du vor dir den Eingang einer Höhle.

Du bist neugierig und beschließt, die Höhle zu betreten. Zu deiner Überraschung ist sie in angenehmes Licht getaucht. An den Wänden bemerkst du Malereien, die dich seltsam angenehm berühren. Zu deinem Erstaunen stellst du fest, daß wichtige Ereignisse deines Lebens hier aufgemalt sind.

Du wählst eine Szene, die dir besonders gut gefällt, und betrachtest sie genauer ...

Dabei schlüpfst du in die Rolle des Hauptdarstellers und erlebst noch einmal all jene angenehmen Momente und das schöne Gefühl, erfolgreich zu sein ...

Und nun nimm diese schönen Gefühle mit und tritt die Rückreise an.

Wie von selbst trägt dich dein Floß hierher zurück, stolz und glücklich.“

Kleine weiße Wolke

Sie benötigen: Sich selbst

Die folgende Phantasie eignet sich zur Entspannung nach einem anstrengenden Tag.

„Du bist eine kleine weiße Wolke und fliegst am blauen Himmel dahin.

Die Sonne wärmt dich mit ihren Strahlen, und das Blau des Himmels leuchtet um dich.

Du schwebst leicht und sanft dahin ...

Vom Wind getragen fliegst du weiter und weiter ...

Sanft landest du wieder auf der Erde und kommst hierher zurück, erfrischt und wach."

Schatztruhe

Sie benötigen: Sich selbst

„Du befindest dich auf einer Abenteuerreise irgendwo in fernen Ländern. Die Sonne scheint, und du genießt deine Unabhängigkeit und Freiheit. Dein Weg führt dich durch schöne Landschaft und die Sonne scheint angenehm warm.

Nun siehst du auf deinem Weg ein Hindernis, aber du entdeckst eine Möglichkeit, es zu überwinden ...

Nun kannst du deinen Weg unbeschwert fortsetzen.

Hinter der nächsten Wegbiegung bekommst du Lust, ein paar Schritte abseits des Weges zu gehen. Zu deinem Erstaunen findest du hier eine Truhe.

Als du sie öffnest, bemerkst du die vielen Schätze, die darin verborgen sind.

Willst du etwas davon mitnehmen? ...

Mit den Schätzen Deiner Wahl kehrst du hierher zurück, erfrischt und wach."

Das Geschenk

Sie benötigen: Sich selbst

„Du gehst an einem sonnigen Tag deinen Lieblingsweg entlang. In der Ferne siehst du einen Baum und du beschließt, näher an ihn heranzugehen.

Zu deiner Überraschung entdeckst du, daß der Baum eine Tür hat, und du stellst fest, daß du sie öffnen kannst.

Eine Treppe führt einige Stufen hinunter in einen angenehm beleuchteten Raum. Eine Person begrüßt dich freundlich. Sie teilt dir mit, daß du hier alles findest, was du brauchst.

Erstaunt schaust du dich in den Regalen um. Du erhältst die Erlaubnis, dir ein Geschenk auszusuchen. Dankbar nimmst du es aus dem Regal, bedankst dich bei der freundlichen Person.

Dann kommst Du hierher zurück, erfrischt und wach."

Der Partner in Rosa

Sie benötigen: Sich selbst

Die folgende Phantasie eignet sich, wenn Sie aufhören wollen, dauernd miteinander zu streiten.

Stellen Sie sich Ihren Partner in der Größe eines Maiskorns vor. Er lächelt und ist mit sich zufrieden und glücklich. Hüllen Sie das Maiskorn in eine rosa Farbe. Denken Sie an alle positiven Eigenschaften, die Ihr Partner hat. Pflanzen Sie das rosa Maiskorn in Ihr Herz ein. Halten Sie eine Hand schützend darüber und kommen Sie zurück in den Raum, erfrischt und wach.

Reise in die Zukunft

Sie benötigen: Sich selbst

Leiten Sie sich gegenseitig durch folgende Phantasie:

„Seit die Zeitmaschine erfunden ist, bekommst du Lust, auch einmal damit zu reisen. Du besteigst dein sicheres Fahrzeug und fliegst in deine Zukunft.

Nun kannst du aussteigen und dich umsehen. Schau dir alles genau an.

Wo bist du und was tust du?

Genieße deine Zukunft, so wie es zu dir paßt.

Und dann komm wieder hierher zurück, erfrischt und wach."

In die Mitte von Nirgendwo

Sie benötigen: Sich selbst

Die folgende Phantasie erfinden Sie selbst, gemeinsam und gleichzeitig. Und zwar so:

Setzen oder legen Sie sich bequem hin. Beginnen Sie, auf Ihren Atem zu achten. Dann spricht einer von Ihnen einen Satz. Zum Beispiel:

„Ich wandere an einem schönen weißen Sandstrand entlang und das bringt mich weiter in die Mitte von Nirgendwo."

Diesen Satz führt der Partner jetzt fort. Zum Beispiel so:

„Ich wandere an einem schönen weißen Sandstrand entlang und freue mich an den warmen Sonnenstrahlen – und das bringt mich weiter in die Mitte von Nirgendwo."

Der erste Partner greift nun seinerseits den letzten Satz auf und fährt fort:

„Ich genieße die warmen Sonnenstrahlen und entdecke in der Ferne einen schwarzen Punkt, der mich neugierig macht und mich weiter in die Mitte von Nirgendwo bringt."

So geht es weiter, bis Sie in der Mitte von Nirgendwo ankommen.

Familien-Spiele

Unter dieser Überschrift sind Spiele zusammengefaßt, die Ihnen helfen können, Ihrem Partner die Familie, aus der Sie jeweils kommen, vorzustellen und über Ihre Herkunftsfamilien gegenseitig ins Gespräch zu kommen. Hierdurch kann es möglich werden, Ihren Partner besser zu verstehen und weniger schnell zu verurteilen. Wenn Sie einander auf Ihren Spuren in die familiäre Vergangenheit begleiten, können Sie Ihre Wurzeln genauer orten und hierdurch auch Zukunft mitgestalten. Denn wer sich selbst und seinen Partner genau kennt, kann eine bewußte Entscheidung für den gemeinsamen Weg fällen und sich viel unnötiges Leid ersparen.

Familienbaum

Sie benötigen: Zeichenpapier und Malutensilien

Malen Sie jeder für sich, ohne lange nachzudenken, einen Baum, der der Familie, aus der Sie kommen, am ehesten entspricht. Wenn Sie beide fertig sind, legen Sie Ihrem Partner das Bild vor und bitten ihn um seine Eindrücke.

Teilen Sie einander behutsam mit, was Sie zu sehen glauben, und vermeiden Sie dabei Bewertungen jeglicher Art.

Zeitungsthemen

Sie benötigen: Alte Zeitungen, Schere, Klebestift und für jeden ein Blatt Papier

Schneiden Sie aus den Zeitungen Überschriften aus, die für Sie in bezug auf Ihre Familie wichtig sind. Kleben Sie diese Überschriften auf Ihr Blatt Papier.

Wenn Sie beide fertig sind, erläutern Sie sich Ihre Themen gegenseitig. Das kann auch lustig sein.

Meine Interessen

Sie benötigen: Papier und Stifte

Jeder bekommt ein Blatt Papier und unterteilt es in drei Rubriken:

Als ich 16 war
Heute
In 10 Jahren

Nun schreiben Sie hinter jede Rubrik ein Hauptinteresse der entsprechenden Zeit, eine Schwierigkeit, eine Hoffnung und einen Wunsch. Falls Sie in zehn Jahren noch zusammen sein möchten, können Sie die Zettel an einem bestimmten Ort aufbewahren und dann hervorholen.

Auf jeden Fall sollten Sie einander vorlesen, was Sie geschrieben haben, bevor Sie die Zettel deponieren.

Sich selbst einschätzen

Sie benötigen: Holzbausteine

Haben Sie in Ihrer Herkunftsfamilie gelernt, sich selber einzuschätzen? Wurde Ihr Selbstbewußtsein gefördert oder wurden Sie schlecht gemacht? Hatte man übertriebene Erwartungen an Sie oder durften Sie einfach so sein, wie Sie wollten? Das folgende Spiel sagt Ihnen etwas über Selbsteinschätzung und Motivation.

Stellen Sie sich gegenseitig die Frage, wieviele Bauklötze Sie wohl übereinanderstapeln können, ohne daß der Turm umfällt. Notieren Sie Ihre Zahl und machen Sie dann die Probe.

Sieger ist, wer am meisten Klötze angesagt und entsprechend viele Klötze auch tatsächlich aufeinander gestapelt hat.

Eltern-Kind

Sie benötigen: Nur sich selbst

Jeweils abwechselnd übernimmt einer die Rolle des strengen Vaters oder der strengen Mutter, der andere ist das Kind.

Fangen Sie nun an, an Ihrem Kind herumzunörgeln, schimpfen Sie es aus und kritisieren Sie es. Das Kind versucht nun, den betreffenden Elternteil aus der Rolle zu bringen, und darf hierfür alle Mittel anwenden. Danach werden die Rollen getauscht.

Wie fühlten Sie sich in der jeweiligen Rolle?

Und wie war das früher bei Ihnen zu Hause?

Anerkennungsschreiben oder Beschwerdebrief

Sie benötigen: Papier und Stifte

Schreiben Sie an Ihre Eltern wahlweise ein Anerkennungsschreiben oder einen Beschwerdebrief. Lesen Sie sich Ihre Briefe gegenseitig vor.

Vielleicht haben Sie zu einem späteren Zeitpunkt Lust, den

nur fingierten Brief tatsächlich doch noch zu verfassen und abzuschicken.

Tauschen Sie sich mit Ihrem Partner darüber aus, welche Eigenschaften Ihrer Eltern Sie mochten und welche nicht.

Wie sehen Sie das heute?

Haben Sie ähnliche Eigenarten?

Mögen Sie sich, wenn Sie so sind?

Familie in Tieren

Sie benötigen: Papier und Buntstifte

Zeichnen Sie jedes Mitglied Ihrer Herkunftsfamilie als ein Tier.

Tauschen Sie Ihre Bilder aus und besprechen Sie Ihre Eindrücke.

Falls Sie die Familie des Partners kennen: Hätten Sie andere Tiere gewählt?

Zuneigung

Sie benötigen: Die Bereitschaft zum Zuhören

Beantworten Sie sich gegenseitig die folgenden Fragen:

Hattest Du Kosenamen?

Wie ging es dir damit?

Wurdest du gestreichelt, auf den Schoß genommen?

Bei welchen Gelegenheiten gab es kleine Aufmerksamkeiten?

Geschenke „ohne Grund"?

Wer schenkte wem was, und was geschah mit diesen Geschenken?

Wie haben Deine Eltern sich untereinander Zuneigung gezeigt?

Wie drückten Sie Zuneigung gegenüber Außenstehenden aus?

Was hättest du dir gewünscht?

Beziehungen

Sie benötigen: Jeder ein Zeichenpapier und Buntstifte

Zeichnen Sie ein Bild der Familie, aus der Sie kommen. Kennzeichnen Sie die Beziehungen der Menschen untereinander aus Ihrer Sicht, indem Sie die einzelnen Familienmitglieder mit entsprechenden Symbolen schmücken. Zum Beispiel: Oma Luise bekommt einen Blitz, weil Sie so zänkisch war. Opa Gerd bekommt ein Herz, weil er Ihnen Märchen erzählt hat etc.

Wenn Sie mit Ihren Bildern fertig sind, können Sie sich über Ihre Familien austauschen:

Wer hatte die stärkste und wer die schwächste Position?
Wer hatte die meisten Außenkontakte?
Was wurde vergessen?
Wo bestanden Koalitionen?
Wer war Außenseiter?
usw.

Rituale der Liebe

Rituale verschönern und erleichtern unseren Alltag und können stinknormalen Tagen so etwas wie einen „Goldglanz“ verleihen.

Als wir Kinder waren, freuten wir uns an den wenigen Ritualen, die in unserer Kultur erhalten sind. Wir warteten auf den Weihnachtsmann und auf alle damit verbundenen wiederkehrenden Ereignisse. Wir hofften, den Osterhasen zu entdecken und seine Eier zu finden. Wir fieberten unserem Geburtstagsritual entgegen und ließen uns den Eintritt ins Schulleben versüßen.

Liebe blüht und gedeiht, wenn sie von solchen Ritualen begleitet wird.

Daher möchte ich Sie ermuntern, bestimmte Tage, wiederkehrende Feste und besondere Ereignisse mit persönlichen Ritualen zu feiern und Ihrem Alltag so Ordnung und Schönheit, Sicherheit und Geborgenheit zu verleihen, die nicht nur Kinderaugen zum Strahlen bringen.

Vorschläge für Rituale

Wochenend-Frühstücksritual
Montagmorgen-Trostritual
Ein-besonderer Tag-Ritual
Danke-Ritual
Hochzeits- oder Kennenlerntag-Ritual
Geburtstags-Ritual
Versöhnungs-Ritual
Wieder-gesund-sein-Ritual
Etwas-erreicht-haben-Ritual
Verführungs-Ritual

Bestandteile von Ritualen sind

Gesten und Körperhaltungen

Zum Beispiel:
Umarmung
etwas überreichen
einen Orden anstecken
sich verbeugen
Küsse an bestimmten Stellen, z.B. Handkuß, Stirnkuß etc.
sich hinknien
usw.

Besonderes Licht

Düfte

Zum Beispiel:
Rose für Liebe
Zimt für Weihnachten
Vanille für Entspannung
usw.

Bestimmte Farben

Zum Beispiel:
Gelb für Ostern
Rot für Dankbarkeit
Grün für Erfolg
usw.

Bestimmte Musik/bestimmte Lieder

Bestimmte Kleidung

Bestimmte Speisen

Bestimmter Schmuck

Das Montagmorgen-Trost-Ritual könnte z.B. so aussehen, daß sie sich abwechselnd von Montag zu Montag den Kaffee ans Bett bringen, Brötchen kaufen, Ihre Lieblingsmusik auflegen und gemeinsam mit einer Kerze auf dem Tisch frühstücken. Unter dem Marmeladenglas darf eine Botschaft versteckt sein.

Das Verführungs-Ritual könnte aus einem Liebesmenü (Kochbuch im Anhang) bei Kerzenschein, einer Musik Ihrer Wahl, einem verführerischen Duft, einem Text, den Sie füreinander aussuchen und sich gegenseitig vorlesen, und einer Fuß- oder Rückenmassage bestehen.

Das „Der-Tag als wir uns kennenlernten-Ritual“ könnte darin bestehen, an den Ort zu pilgern, an dem die Begegnung stattfand, dort etwas zu tun, das Sie damals taten oder das zu dem Kennenlernen paßt.

Falls Sie sich auf der Arbeitsstelle kennenlernten müssen Sie sich etwas ganz Besonderes einfallen lassen. Vielleicht ist es ja ein Fahrstuhl, in dem Sie sich jedes Jahr wieder küssen wollen.

Überraschungen

Es ist genauso banal wie einfach: Überraschungen machen unseren Alltag schön und erfüllen uns mit kindlicher Freude. Sie lassen das Kind in uns jubeln und geben jeder Beziehung eine Vitaminspritze. Wenn Sie anfangen, Ihren Beziehungsalltag als grau und eintönig zu erleben, ist es höchste Zeit, eine Überraschung zu inszenieren.

Überraschungen müssen ausgedacht, geplant und vorbereitet werden, aber sie müssen keineswegs Geld kosten.

Es ist zwar nicht schlecht, wenn ein paar Möbelpacker plötzlich ein Klavier vor Ihrer Haustür abstellen, das Sie sich vielleicht schon lange gewünscht haben. Oder wenn Sie Ihrer Frau endlich einmal wieder Rosen schenken. Wenn sie im Büro zwischen den von Ihnen gerichteten Käsebroten einen Liebesbrief findet, freut sie sich aber sicher genauso.

Weitere Überraschungsideen

Sie locken Ihren Liebsten auf einen Spaziergang. Auf einer Waldlichtung findet sich plötzlich eine Decke mit einem Picknickkorb, die ein guter Freund dort für Sie plaziert hat.

Oder: Sie schicken Ihrem Mann per Post zwei Theaterkarten zu.

Oder: Sie überraschen Ihre Liebste nach der Arbeit mit einem Liebesmenü und/oder einer Flasche Sekt.

Oder: Er kommt von der Arbeit und Sie haben schon alles für ein Spiel Ihrer Wahl vorbereitet und aufgebaut. Wenn er mitspielt, gibt es noch eine Belohnung.

Oder: Sie streuen Rosenblüten in Ihr Bett

Oder: Sie bringen ihm heute einmal den Kaffee ans Bett, wenn Sie das bisher noch nie gemacht haben.

Ihrer Erfindungsgabe sind da keine Grenzen gesetzt.

Literatur

Dahlke, Rüdiger: Mandalas der Welt- Ein Meditations- und Malbuch, München 1991

Fincher, Susanne: Mandala-Malen- Der Weg zum eigenen Zentrum, Braunschweig 1992

Fluegelman, Andrew: Die neuen Spiele 1 + 2 Mülheim 1991

Gudjons, Herbert: Spielbuch Interaktionserziehung, Bad Heilbrunn 1990

Holitzka, Klaus/ Niemuth, Jochen: Mandalas als Grundstruktur des Universums, Seeon 1994

Krahl, Gisela/ Riepe, Andrea: Wonnestunden Reinbek 1990

LeFevre, Dale: Das kleine Buch der neuen Spiele, Mülheim 1991

Röschmann, Doris: Arbeitskatalog der Übungen und Spiele Band 2 Hamburg 1990

Schuhbeck, Alfons: Liebesmenüs, München 1994

Vopel, Klaus: Höher als die Berge, tiefer als das Meer-Phantasiereisen für Neugierige, Salzhausen 1993

Weber, Hermann: Arbeitskatalog der Übungen und Spiele Bd. 1 Hamburg 3.A. 1990

Bezugsquellen:

Rosenwasser, ätherische Öle u.a.:

B & W Fachversand für Naturpflege
Postfach 15o 339
45243 ESSEN

Mandala Malblöcke:

Verlag am Eschbach
Im Alten Rathaus
79427 ESCHBACH

Wutbrocken und Zornziegel:

Donna Vita
Postfach 5 in Husby
24973 Ruhnmark

Danksagung

Ohne Axels vielfältige Erfahrungen in der Erwachsenenbildung hätte ich diese Spiele nicht zusammenstellen und mir die meisten von ihnen selbst ausdenken können. Und mit wem sonst hätte ich sie ausprobieren sollen?

Ohne Axel wäre auch Nikolai nicht vor siebzehn Jahren geboren worden.

Und ohne Nikolai wäre dieses Buch weder fertig geworden noch auf Diskette gekommen. Für seine kritischen Kommentare, konstruktiven Verbesserungsvorschläge und witzigen Einfälle in Form von Karikaturen möchte ich mich herzlich bedanken.

Bitte beachten Sie die folgenden Seiten

Erziehungsratgeber

Gisela Preuschoff
Komm, wir spielen was zusammen!
100 Spiele - Tips und Tests für Leute von 0 bis 99
Br., 212 S., DM 19,80
ÖS 155,00 / SFR 21,00
ISBN 3-89438- 078-0

Spielen ist eine prima Alternative - zu Langeweile, Dauerfernsehen und Computersucht, zu Frust, Aggression und Gewalt.

Das Buch zeigt auf einen Blick, welches Spiel für welches Alter und für welche Gelegenheit in Frage kommt, wieviele mitspielen können, wie lang es dauert, was dazu benötigt wird: Körperspiele für die Kleinsten; Beobachtungs-, Such-, Nachmach- und Geschicklichkeitsspiele; Bewegungsspiele; Spiele zum Kennenlernen; Spiele mit nichts; Spiele mit Papier und Bleistift; Murmelspiele; Raufspiele; Spiele zum Selbermachen; Rollenspiele; Planspiele; Kartenspiele; Würfelspiele; Brett- und andere Spiele zum Kaufen...

Über 100 Spiele, keine Lückenfüller, nur echte Erfolgsspiele. Getestet! Hübsch illustriert, eine Anregung für Eltern und Großeltern, ErzieherInnen und LehrerInnen, wieder mehr mit Kindern zu spielen.

150 Jahre Frauenbewegung im Überblick!

Florence Hervé (Hg.)
Geschichte der deutschen Frauenbewegung
Br., 279 S.
ISBN 3-89438-084-5

Neu

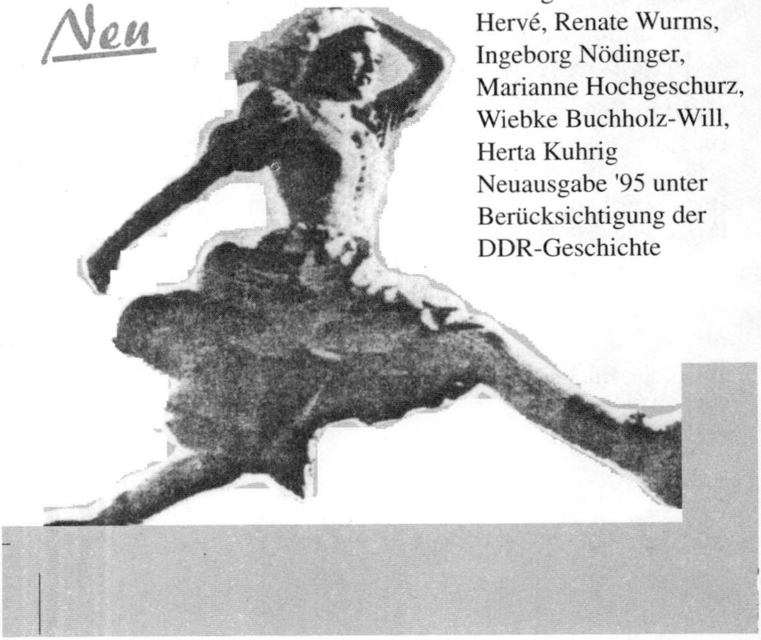

Beiträge von Florence Hervé, Renate Wurms, Ingeborg Nödinger, Marianne Hochgeschurz, Wiebke Buchholz-Will, Herta Kuhrig
Neuausgabe '95 unter Berücksichtigung der DDR-Geschichte